前　　言

　　象棋历史悠久，是中华民族的文化瑰宝，集科学性、艺术性、竞技性、趣味性于一体，以其特有的魅力，吸引着数以万计的爱好者。

　　象棋在培养逻辑思维能力、形象思维能力、空间想象力、指挥能力、应变能力、比较选择能力、计算能力以及大局意识等方面都大有裨益，同时也可以陶冶情操、锻炼意志。

　　本套书中，《入局飞刀》的精妙、《流行布局》的理念、《战术妙招》的组合、《中局杀势》的明快、《杀王技巧》的过程、《妙破残局》的功夫、《和杀定式》的套路、《江湖排局》的奥妙，皆一览无余地展现在读者面前。读者通过本套书的学习，必能迅速提高象棋水平。

　　参加本套书编写的人员有朱兆毅、朱玉栋、靳茂初、毛新民、吴根生、张祥、王永健、吴可仲、金宜民。象棋艺术博大精深，丛书中难免有不当之处，敬请广大读者指正。

编者

目　　录

招招狠象棋全攻略破解系列

流行布局

傅宝胜　朱兆毅　主编

时代出版传媒股份有限公司
安徽科学技术出版社

图书在版编目(CIP)数据

流行布局 / 傅宝胜,朱兆毅主编. --合肥:安徽科学
技术出版社,2017.7(2022.6重印)
(招招狠象棋全攻略破解系列)
ISBN 978-7-5337-7219-2

Ⅰ.①流… Ⅱ.①傅…②朱… Ⅲ.①中国象棋-布
局(棋类运动) Ⅳ.①G891.2

中国版本图书馆 CIP 数据核字(2017)第 115923 号

流行布局 傅宝胜 朱兆毅 主编

出 版 人:丁凌云 选题策划:刘三册 责任编辑:杨都欣
责任印制:梁东兵 封面设计:吕宜昌
出版发行:安徽科学技术出版社 http://www.ahstp.net
(合肥市政务文化新区翡翠路 1118 号出版传媒广场,邮编:230071)
电话:(0551)63533330
印 制:三河市人民印务有限公司 电话:(0316)3650588
(如发现印装质量问题,影响阅读,请与印刷厂商联系调换)

开本:710×1010 1/16 印张:8.5 字数:153 千
版次:2022 年 6 月第 2 次印刷

ISBN 978-7-5337-7219-2 定价:29.80 元

第一型　顺炮横车对直车

1. 炮二平五,炮8平5。

2. 车一进一,马8进7。

3. 马二进三,车9平8。

4. 车一平六,车8进4。

5. 马八进七……

至此,是大家都熟悉的顺炮横车对直车的基本定式,如第一型图例。此形势下,黑方有马2进3和士6进5两种选择,现分述如下。

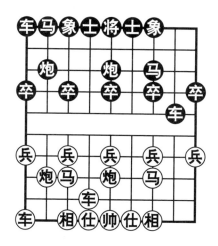

第一型图例

选择1：马2进3

5. ……马2进3（图1）。

黑进右正马对垒，加强中路攻防力量，是目前流行的布局变例。如图1形势下，红方有兵三进一、炮八进二和车六进五三种攻法，结合全国赛事，详述如下。

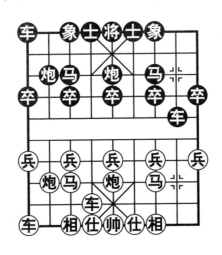

图1

（一）兵三进一

（2008年7月27日赵鑫鑫与申鹏之战）

6. 兵三进一，卒3进1。

7. 车九进一，士4进5。

8. 炮八进四……

红方左炮过河,试探对方应手。也可改走车六进五,黑如接着走炮5平6,则车九平四,形成双车抢控双肋的局面,红方足可满意。

8. ……卒7进1。

9. 兵三进一,车8平7。

10. 车六平三,马3进2。

红方马后藏车,新招! 伏马三进四跃马兑车争先。黑方进外肋马,是稳健的应法。如改走马7进6,则马三进四;车7进4,车九平三;马6进4,车三进八;马4进3,炮五平二;炮5平8,炮八平一,红方弃子抢攻,占据优势。

11. 马三进四,车7平6。

12. 车三进三,马7进8。

13. 马四退三,炮5平7。

黑卸中炮挡车护象,调整阵势,战法灵活。

14. 马三进二,象3进5。

15. 车九平六,车1平3。

16. 炮八平一,马2进3。

17. 车六进三,卒3进1。

黑方弃卒,准备谋得一相,战法简明。如改走炮2平3,则炮五平二,黑无便宜可赚。

18. 车六平七,炮7进7(图2)。

黑炮硬轰红相,得利就走,给红方造成一定的牵制。

19. 仕四进五……

如改走车三退四,则车3进5;马二进四,马3进5;相七进五,车3进2,黑方占优势。

19. ……车6平3。

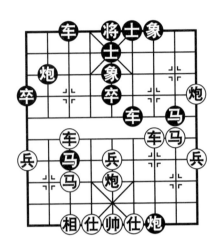

图 2

20. 炮一退二，炮 7 平 9。

至此，红方多兵少相，形成对峙，结果成和。

[小结]红方马后藏车的战法颇具新意，但黑方守中带攻，致使红方机会并不多。尤其是第 16 回合，黑如直接走车 3 进 5 兑车，则车三平七；车 6 进 1，车七平四(如车七退一，车 6 平 8；炮五进四，将 5 平 4，黑不难走)；马 8 进 6，至此黑势不弱，比实战更佳。红方应把握先行进攻的机会，掌握主动，才可获胜。

(二)炮八进二

(2008 年广州"五羊杯"赛赵鑫鑫与李来群之战)

6. 炮八进二……

红方升炮巡河，俗称"沿河十八打"，对黑方屈头双马进行攻击，是目前流行的战法。

6. ……车 8 平 2。

黑方平车兑炮,比较少见,颇具新意。一般多走炮2进2,更具针对性。变化如下:炮2进2,炮八平七;车1进2,车六进六;车8平3,车九平八;卒7进1,炮七平五;士6进5,车六进一;车1退1,前炮进三;象7进5,车六平九;马3退1,兵七进一;车3平4,兵五进一;马1进3,马七进五;卒5进1,兵五进一;炮2平5,车八进六;卒1进1,车八平七;马3进5,双方形成对峙(选自2007年第三届世界象棋大师赛于幼华对卜凤波之战)。

7. 炮八平七,马3退5。

8. 车六进七,卒7进1。

9. 车九进一,马7进6。

10. 车九平六,象3进1。

11. 炮五进四(图3)……

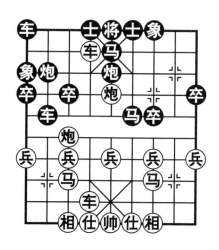

图3

如图3所示,此手红炮打中卒,准备弃子争先,着法积极。若被黑方马5进7调整阵形,则红方落了下风。

11. ……车2平5。

12. 炮五平九……

红方炮打边卒攻车,实施既定的弃子抢攻计划。如误走后车进五,则黑有炮2进1打串的手段,红方失子无疑。

12. ……车5平1。

13. 仕六进五,前车退1。

14. 炮七平五,后车平3。

15. 帅五平六,炮2退2。

16. 后车进四,马6退7。

17. 前车退二,象1进3。

18. 兵七进一,车1退3(图4)。

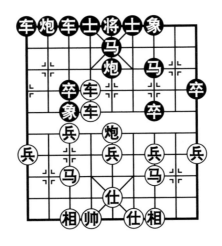

图 4

至此,如图4所示,红方弃炮镇窝心马,占优。终局红胜。

[小结]黑方平车兑炮的新招,未能经受住战斗的洗礼;红方采用弃子争先的战术,在布局上获胜。黑若重演此阵,难与红方抗衡。

（三）车六进五

（2008 年 11 月全国象棋个人赛女子 B 组张婷婷与金海英之战）

6. 车六进五……

红车过河侵占卒林，威胁黑方右马，是一种传统的攻法。

6. ……，炮 2 进 2。

黑方高炮巡河是流行的变化，也是积极的战法。如用象 3 进 1 的软手，红则炮八进二（红如车六平七，则车 1 平 3，伏马 3 退 5 兑车，黑优）；卒 3 进 1，炮八平五；马 3 进 4，车九平八；炮 2 平 3，车八进七；车 1 平 3，炮五进三；象 7 进 5，兵五进一。以下黑如走 4 路马，红则车六进一捉双，黑遭"平炮镇顶"之"飞刀"，红占优。黑如车 1 进 2，红则兵七进一；卒 3 进 1，兵七进一；车 8 平 3，马七进六；炮 2 退 1，炮五平六；炮 2 平 6，炮八平七；炮 6 进 2，车六进二；车 1 退 1，车六平九；马 3 退 1，相七进五，形成对峙（选自 2008 年"北仑杯"全国象棋大师冠军赛张婷婷与刘欢之战）。再如士 4 进 5，车六平七；马 3 退 4，炮八平九；车 8 平 2，兵七进一；象 3 进 1，炮九进四；车 1 平 3，车七进三；象 1 退 3，炮九进三，红方稍优（选自 2007 年全国象棋个人赛吕钦与焦明理之战）。

7. 车六平七，车 1 进 2。

8. 兵七进一（图 5）……

如图 5 形势下，对于黑方来说，有炮 8 平 3、炮 2 进 2 和炮 2 退 3 等多种走法，此时如何应战至关重要。

8. ……炮 2 退 3。

黑如改走炮 2 平 7，则马三退五；炮 7 平 6，车九平八；炮 6 退 1，车七退一；卒 7 进 1，马七进六；车 1 平 2（如炮 5 进 4，则炮八平七或炮八

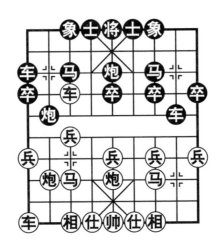

图 5

进五打马,红占优),马五进七,红方占优。黑如改走炮 2 进 2,兵三进一;炮 2 平 3,车七平六;车 8 平 4,车六退一;马 3 进 4,兵七进一;马 4 退 6,相三进一;车 1 平 3,炮八进四;卒 5 进 1,双方均势。

9. 马七进六,炮 2 平 3。

10. 车七平八,马 3 进 2。

黑跳外肋马寻求变化。此步一般多走马 3 进 4,车八进二;车 1 平 3,以下另具变化。

11. 马六进五,马 7 进 5。

12. 炮五进四,炮 3 平 5。

13. 相七进五,车 1 平 4。

此时黑宜改走马 2 进 4 来逼兑红中炮,虽少卒,但各子灵活,可以与红方抗衡。

14. 炮八平七,象 3 进 1。

15. 炮五平七,后炮进 5。

16. 马三进五,车 4 进 4。

17. 仕六进五,车 4 平 5。

18. 车九平六(图 6)。

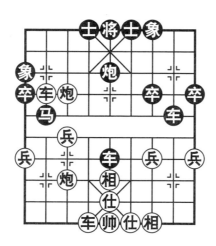

图 6

如图 6 形势下,红双车、双炮集结于一翼,四子归边,杀机四伏;黑阵形散乱,右翼空虚,岌岌可危。

至此,红方占优,续弈几个回合后,红胜。

[小结]综观本局,黑方若在第 13 回合采取进马逼兑红中炮或第 15 回合改走后炮平 7 解围,形势仍复杂多变,战局漫长。笔者认为,布局至第 8 回合,黑方若选择炮 2 进 2 的变化,则较为简明,可与红方抗衡。

选择 2:士 6 进 5

(上接第一型顺炮横车对直车图例)

5. ……士 6 进 5(图 7)。

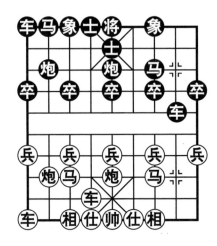

图7

黑补左士,先做防御;右马暂不定位,伺机而动。若立即走马2进3,将遭到红方车六进五或炮八进二的迅速攻击。这是一种讲究策略的下法,也是顺炮横车对直车的重要战术之一。

6.兵三进一,马2进3。

红进三兵活马,是布局的要着,目的是静待战机,配合肋车,右马出击;黑跳正马,加强中路对抗能力,是右马定位的适宜时机。

7.车九进一(图8)……

红起车后成双横车,蓄势待发,含蓄有力。如改走车六进五直接出击,则炮5平6;车六平七,象3进5;兵五进一,车1平3;马七进五,炮6进1;车七退二,马3进4;车七进五,象5退3,逼兑一车后,红方攻势减弱,黑方占优。

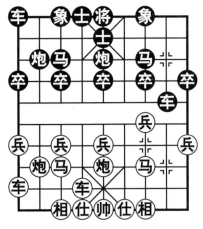

图8

如图 8 形势下,黑方有卒 3 进 1、炮 2 平 1 两种着法,详述如下。

(一)卒 3 进 1

(2007 年全国象棋团体赛程吉俊与程进超之战)

7. ……卒 3 进 1。

黑方挺卒活马,静观红方变化。

8. 车六进五……

红如改走炮八进四,也是一种较好的攻法,以下黑有马 3 进 2、卒 7 进 1 和炮 5 平 6 三种走法,各具不同变化,读者可自行练习。

8. ……炮 5 平 6。

9. 车九平四,卒 7 进 1。

10. 车四进五……

红右车过河的着法有力。老式着法是车六平七,则象 3 进 5;炮八进三,车 8 进 2;兵三进一,车 8 平 7;马七退五,炮 2 退 1;车四进五,卒 3 进 1;车四平三,炮 2 平 3;车七平八,马 3 进 4;车八进二,马 4 进 6;车三进一,马 6 进 8,黑有攻势,占优。

10. ……卒 7 进 1。

11. 车四平三,炮 6 进 4。

黑如改走炮 6 进 5,则车六平七;炮 6 平 3,车七进一,黑方势必失子,红优。

12. 车三退二,炮 6 退 3。

13. 车六退二,炮 6 退 2。

14. 车三平二,车 8 平 7。

15. 炮五退一,马 7 进 6。

16. 车六平五,炮6进1。

黑如改走车7进3,则炮八平三;马6进8,车五平二,红方占优。

17. 车二平三,车7进1。

18. 车五平三,象3进5。

19. 炮八进四,卒9进1。

20. 兵五进一(图9)。

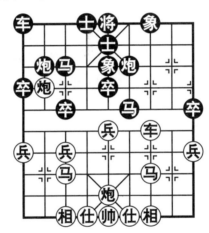

图9

至此,形成如图9所示的局面,红方子力活跃,中路潜伏攻势;黑车原位未动,红方占优。

[小结]此局中黑卸中炮调整阵形,虽然稳健,但处于下风;红方机会较多。

(二)炮2平1

(上接图8)

7. ……炮2平1(图10)。

黑方平炮,准备亮车,意在牵制红方左翼子力,思路明确,应着积极,也是流行的变着。

如图10形势下,红方有车九平八和炮八进四两种战法,详述如下。

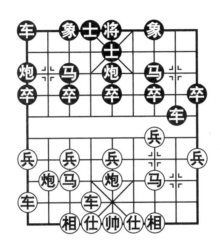

图10

战法1:车九平八

（2008年全国象棋团体赛何静与张国凤之战）

8. 车九平八,车8平2。

黑平车封堵红车、炮的推进,是新变招。如改走车1平2,炮八进四,变化同下局。

9. 炮八进二,卒3进1。

10. 马三进四,炮5平6。

11. 炮五平三,象3进5。

12. 马四进三,炮6进4。

13. 炮三进一，车1平3。

红方如改走马三进五，则炮1平5；炮三进五，炮6平3，虽得一象，未占多大便宜。

黑车平象位，只能如此，属无奈之着。

14. 相三进五，炮6进1。

15. 炮三退一，卒1进1。

16. 车六平四，炮6平3。

17. 炮三平七，炮1进4。

至此，红方先手占优。

战法2：炮八进四

（第三届全国体育大会陈丽淳与赵冠芳之战）

8. 炮八进四……

红方进炮封压，好棋！这一招既拓展了空间，又限制了黑右车参战，是控制局势、力争主动的着法。

8. ……车1平2。

9. 车九平八，车8平6。

黑平车护肋，防止红马三进四的出击，正着。如急于卒7进1邀兑，则兵三进一；车8平7，马三进四；车2进2（如车7平6，车六平三，红占优），兵七进一，红方得势。

10. 车八进三（图11）……

红八路车巡河，掩护右马出击，如图11。此处另有车六进三的下法，变化也很丰富：车六进三，炮5平6；马三进二，象3进5；马二进三，卒3进1；仕六进五，车2进2；车六平八，卒1进1；炮八平七，车2

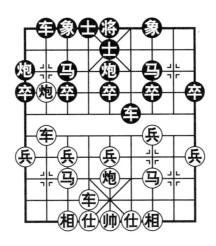

图 11

进 3；车八进三，炮 1 退 1；炮五平三，红方控制局势，占优（选自 2007 年全国象棋甲级联赛黑龙江张晓平对甘肃何刚之战）。

10.……卒 1 进 1。

黑进边卒构思精巧，伏卒 1 进 1 再马 3 进 1 攻车的棋，极具针对性。

11. 兵七进一……

此处红方不如改走车六平八，既能强化对黑方右翼的封锁，又能解除黑方卒 1 进 1 的反击。

11.……卒 7 进 1。

与上一手棋相矛盾，有疑问。不妨走卒 1 进 1，兵九进一；马 3 进 1，车八退三；炮 1 进 3，黑方占优。

12. 兵三进一，车 6 平 7。

13. 马三进四，马 3 进 1。

14. 车八退一，卒 1 进 1。

15. 兵九进一，车 7 平 6。

若第 11 回合走卒 1 进 1,争到炮 1 进 3,则红方的右马将受到控制。现在红马奔袭,黑落下风。

16. 马四进六,炮 5 平 4。

17. 车六平四……

献车、弃马,精妙绝伦! 顿使黑方陷入困境。

17. ……车 6 进 4。

黑方只好接受"献车",无奈之着。如改走车 6 平 4 吃马,则炮八平五;马 7 进 5,炮五进四照将,再车八进六得车,红方大占优势。

18. 炮八平五,马 7 进 5。

19. 炮五进四,士 5 进 6。

20. 车八进六,车 6 退 4。

21. 马六进五,士 6 退 5。

22. 马五退三,炮 4 平 5。

23. 马三进五,马 1 退 3。

24. 马五进七,将 5 平 6。

25. 炮五退二。

至此,红方得子占优,结果红胜。

[小结]此局在第 7 回合后所列的红方的两种战法,均取得了令人满意的效果。当然,黑方若在一些地方稍做改进,仍有棋可下。总的来说,此布局下黑方若只侧重防守反击,而红方采取积极进取的方案,则黑方的机会明显减少。

第二型　顺炮直车对横车

1. 炮二平五,炮 8 平 5。

2. 马二进三,车 9 进 1。

3. 车一平二,马 8 进 7。

4. 马八进七……

至此,形成流行的顺炮直车对横车的基本定式,如第二型图例所示。这里先介绍 2009 年昆明全国象棋个人赛上避开俗套的下法,再介绍近年的一些流行变例。

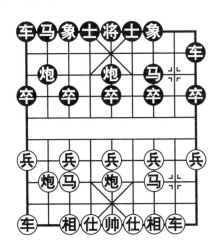

第二型图例

本图例中,黑有卒 3 进 1 和马 2 进 3 两种着法,分述如下。

着法 1：卒 3 进 1

（2009 年 12 月 3 日昆明全国象棋个人赛刘强与邱东之战）

4.……卒 3 进 1。

这步多走车 9 平 4，现进 3 卒意在避开常规变化，纳入自己熟悉的布局轨道。

5. 车二进五，车 9 平 3。

6. 相七进九，炮 2 进 2。

7. 车二进一，炮 2 退 1。

8. 仕六进五，马 2 进 1。

9. 车九平六……

以上一段，双方均见招拆招，红方尽快出动大子，黑方积极调整子力位置。

9.……士 4 进 5。

10. 兵三进一，炮 5 平 4。

11. 兵五进一……

上一手黑卸中炮调整阵形，为 1 路车寻求出路。此手红进中兵，敏锐！选择由中路进攻，路线精确。

11.……象 3 进 5。

12. 马七进五，车 1 平 4。

13. 兵七进一（图 12）……

如图 12 形势下，红方大子均已出动，阵形协调，且中路暗伏攻势；黑方车马不畅，应为红方稍优。布局至此，红方已取得令人满意的局面。

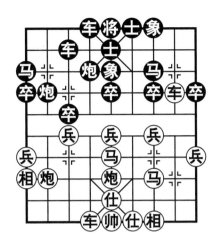

图 12

13. ······卒 5 进 1。

黑方中卒飘忽,授人以隙,应攻走卒 7 进 1。红如车二退二,黑则炮 4 进 3 进行牵制,好于实战。

14. 车二进二,卒 5 进 1。

15. 炮五进二,炮 4 退 1。

16. 车二退一,炮 4 进 1。

17. 车二进一,炮 4 退 1。

18. 车二退三,马 7 进 5。

19. 炮八平七,车 3 平 2。

20. 炮七平八,车 2 平 3。

21. 炮八平七,车 3 平 2。

22. 车六平八······

由于在盘面上占优,红方两次主动变着。

22. ······炮 2 进 1。

23. 炮五进一,炮 2 进 2。

19

24. 炮五平六……

红如改走马三进四，则更为凌厉。黑如接着走炮 4 进 5，红可炮七平五，黑方马上崩溃。

24. ……车 4 平 2。

25. 车二平五，马 5 退 7。

26. 兵七进一，象 5 进 3。

至此，红方子力位置占优，终局红胜。

[小结]此局黑方卒 3 进 1 的变着，遭到红车二进五的攻击，较有针对性。红方全盘控制黑方的局势，始终掌握主动权。

着法 2：马 2 进 3

（2005 年 11 月 6 日太原全国象棋个人赛洪智与林宏敏之战）

4. ……马 2 进 3。

黑方不走流行的平车右肋而先跳右马，与以后采用双横车的战术有关。

5. 兵七进一，车 1 进 1。

6. 马七进六……

红跳先锋马，针对黑阵弱势进行打击，旨在威胁黑无根右马，佳着！

6 ……车 9 平 6。

7. 马六进七，车 1 平 4。

8. 炮八平七，车 4 进 2。

9. 车九平八（图 13）……

如图 13 所示，红方实现了预定的布局计划，子力均衡发展，阵势

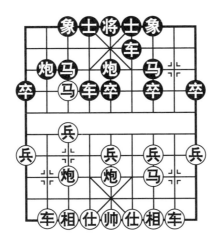

图 13

开阔,十分清爽;黑方虽双车占肋,但其他子力配合失调,显得呆板,不能令人满意。

9.……车6进4。

10. 相七进九,卒7进1。

11. 车二进六,马7进6。

黑方跳马实属无奈。如改走炮5平4,则车二平三;象7进5,仕六进五,黑方3路仍有顾忌,棋也不好下。

12. 车二平四,车6进1。

13. 炮七进一……

紧着,不给黑马6进4兑车脱身的机会。如改走车4进3拦炮,则马七进五;炮2平5,红则炮七进四得子,黑不利。

13.……车6进1。

14. 仕六进五,车6平7。

15. 车四退一……

兑马后,黑左车孤军作战,其余子力均受抑制,形势对红方更为

21

有利。

15. ……炮 5 平 8。

16. 车八平六,车 4 进 6。

17. 帅五平六,象 7 进 5。

黑方补左象巩固中路,却忽略了红车左移捉炮后的连续巧攻手段,成为速败的根源。此处黑可改走士 4 进 5,马七退六;象 3 进 5,炮七进四;炮 8 平 3,车四平八;炮 3 平 4,帅六平五;炮 2 平 3,兵七进一。至此,虽亦红优,但黑不会速败。

18. 车四平八,炮 2 平 1。

19. 车八进三,炮 1 进 4。

20. 车八平六,炮 1 平 5。

21. 炮五进四,马 3 进 5。

黑如改走仕 6 进 5,则马七进五;将 5 平 6(如炮 5 退 4,炮七进四;将 5 平 6,炮七平二,红方得子,胜定),炮七进四;炮 8 平 3,车六进一;将 6 进 1,马五退三;炮 3 平 7,车六平三捉死炮,红亦胜定。

22. 马七进五。

至此,红方伏炮七进六、车六进一杀,黑方认负。

[小结]此局中,黑先上右马的变着以及双肋车的新招试验均不成熟,因此落入困境,难以摆脱。须另辟蹊径,重谋他招。

流行变例

(上接第二型图例)

4. ……车 9 平 4。

5. 兵三进一,马 2 进 3。

此处另有马 2 进 1 的变化,其优点是阵形协调;弱点是中路单马保卒,易受攻而累及全局。这里笔者仅点到为止,不作专门介绍。

6. 兵七进一,车 1 进 1(图 14)。

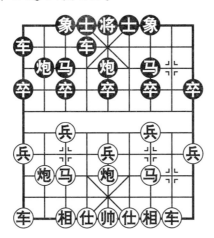

图 14

至此,形成经典的顺炮直车两头蛇对双横车的布局体系,这是 20世纪 70 年代发展起来的、至今长盛不衰的流行阵势。

7. 相七进九……

红飞边相复杂多变,为多数棋手所接受。以下黑方有卒 1 进 1、炮 2 平 1 两种着法,分述如下。

着法 1:卒 1 进 1

(2009 年 12 月 6 日全国象棋个人赛李少庚与赵金成之战)

7. ……卒 1 进 1。

黑挺边卒是针对红边相的巧手,看似漫不经心,实则颇具力度,由特级大师李来群首创,现已成为抗击两头蛇的流行变例。黑方此时另有车 4 进 5 的下法,读者可自行练习。

8. 仕六进五,卒 1 进 1。

9. 兵九进一,车 1 进 4。

10. 车二进五,炮 2 平 1。

11. 炮八进四……

红炮进卒林旨在加强中路攻势,是一步新着。一般多走炮八退一,车 4 平 1;车九平六,炮 1 进 5;炮八平九,炮 1 平 5;相三进五,前车退 1;车二进一,后车平 2;炮九平七。至此,双方各有顾忌。

11. ……车 4 进 5(图 15)。

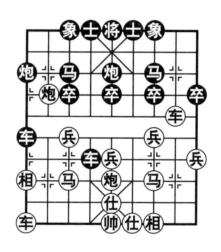

图 15

黑车进兵林线是改进之着。在 2008 年全国象棋个人赛李少庚与徐超两位大师的对垒中,徐大师走的是车 4 平 1。以下是马三进四,炮 1 进 5;马七进六,前车平 3;马六进五,马 3 进 5;马四进五,车 3 平 2;马五进七,车 1 进 1;炮八平三,车 2 进 2,黑进车逼兑,准备简化局面,结果双方弈和。

12. 马三进四,车 4 平 3。

13. 马四进六,车 3 进 1。

14. 炮八平五,士 6 进 5。

红方炮击中卒,乍看气势逼人,实际上谋划的弃子攻杀的时机并不成熟。应改走车九平六,车 3 平 1;马六进七,前车进 2;炮八平五,士 6 进 5;兵三进一,马 7 进 5;炮五进四,红方稍优。

黑方补士,正着。如误走马 3 进 5 吃炮,则马六进八叫杀抽车,红呈胜势。

15. 马六进八,车 1 平 2。

16. 马八进七,将 5 平 6。

17. 车二平四,炮 5 平 6。

18. 车九平六……

红躲车实属无奈,如后炮平四,黑则车 3 平 6,再马 3 进 5 吃炮,黑方赚马后一车换双炮,以多子占优。

18. ……车 2 退 4。

19. 前炮进一……

红方此处进炮是步假棋,并无后续手段,乃最后的败着,应改走后炮平四,此招最为顽强。以下车 3 平 6,车四退三;马 3 进 5,车六进九;士 5 退 4,车四进五;马 5 退 6,车四平三,红方仍有一线求和的希望。

19. ……炮 1 平 5。

20. 炮五进五……

如改走车六进九,则将 6 进 1;车六平三,炮 5 进 5;相三进五,车 3 平 5,黑方呈胜势。

20. ……炮 6 退 1。

21. 车四进三,象 3 进 5。

22. 马七退五,马 7 退 9(图 16)。

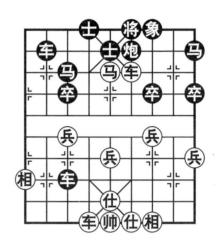

图 16

至此,形成如图 16 所示的局势,黑方取得了净多两子的优势,胜利在望。结果黑胜。

[小结]此局黑在开局阶段主动创新(第 14 回合车 4 进 5),成功引诱红方在进攻时机的把握上犯下错误。总之,黑挺边卒对付红飞边相的巧手,增添了顺炮直车两头蛇对双横车的布局内容,并成为抗击两头蛇的有力武器。

着法 2:炮 2 平 1

(2008 年 7 月 23 日全国象棋明星赛蒋川与张国凤之战)

7. ……炮 2 平 1。

黑平边炮,准备亮车,此乃新招。近年全国大赛上常用此招。

8. 车九平八……

红方另一种着法是仕六进五,车 1 平 2;炮八退二,车 2 进 3;炮八平六,卒 7 进 1;车二进四,车 4 进 7;马三进四,卒 7 进 1;车二平三,炮 5 退 1;车三平二,炮 5 平 7;相三进一,象 3 进 5;炮五平四,卒 3 进 1;车二进四,炮 7 平 5;车二平三,象 5 进 7;车三进一,红方主动(选自 2008 年全国象棋甲级联赛张申宏对洪智之战)。

8. ……车 4 进 5。

9. 马三进四,车 4 平 3。

10. 车八平七,卒 3 进 1。

11. 车二进五,卒 5 进 1。

黑挺中卒拦车活马,是常用的战术手段。

12. 车二平五,车 1 平 2。

13. 马七退五,卒 3 进 1。

14. 相七进九,车 3 平 1。

15. 炮八平七,马 3 进 5。

黑强进中马硬打车,准备弃子争先,战法积极。如改走车 1 平 3,则相七退九,红方主动。

16. 马四进五,炮 5 进 2。

17. 炮五进三,象 3 进 5。

黑如改走炮 1 平 5,则炮七进七;士 4 进 5,马五进三;车 1 平 5,炮五进一,红方大占优势。

18. 前马进三,士 4 进 5。

19. 马三退一,车 1 平 5。

20. 炮五平二,车 5 平 9。

21. 马一退二,车 2 进 3。

22. 炮七平二(图 17)。

至此,形成如图 17 所示的局面,黑方虽少一子,但形成黑双车对

27

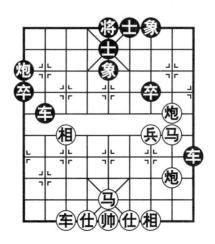

图 17

红单车的局势,况红方右翼马、炮有拥堵之嫌,加之窝心马的弊端,黑足可一战。如黑可接着走炮 1 平 4,红如续走马五进三,则炮 4 进 3;兵三进一,车 2 平 7;相七退五,炮 4 进 2,黑不难走。实战中,由于黑方贪杀,结果落败。

[小结]此局中黑方炮 2 平 1 的变着以及第 15 回合硬进中马打车弃子争先的战法,初试成功,但尚需经过更多的实战检验。

第三型　顺炮直车对缓开车

1. 炮二平五,炮 8 平 5。

2. 马二进三,马 8 进 7。

3. 车一平二,卒 7 进 1。

至此,形成顺炮直车对缓开车的布局,此为辽宁棋手所创。黑方缓开车具有以逸待劳、灵巧多变的战术特点。

4. 马八进七……

红跳正马强化中心区域的控制力,是现代布局发展的总趋势。也有先挺七兵的下法,意在保留炮八平七针对黑跳右正马的选择,此时,黑可以炮 2 进 4 来应对,右马暂不定位,等红左马定位后再做打算,这样才是正确、机智的下法。

4. ……马 2 进 3。

5. 兵七进一(第三型图例)……

红方兵七进一是常见的下法,如改走车二进四,黑方顺势车 9 平 8 邀兑;以下红如接着走车二平七,黑有象 3 进 1 或炮 2 退 1 两种选择,均可从容应战,红方无便宜可得。

至此,形成第三型图例所示局面,黑方有炮 2 进 4(右炮过河)和车 1 进

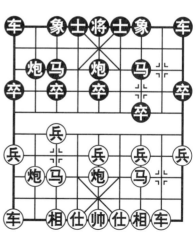

第三型图例

1(提右横车)两种流行下法,各有不同变化,现分述如下。

(一)炮2进4

(2008年11月全国象棋锦标赛苗利明与陈翀之战)

5.……炮2进4。

6.马七进八……

红跳外马封锁,稳步进取且富于变化,是多年来极为流行的下法。老式走法为马七进六,因变化单调,使用不多,故不再赘述。

6.……炮2平7(图18)。

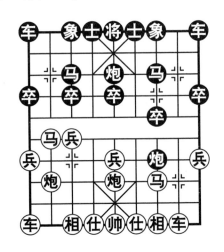

图18

黑炮击三兵属于急攻战术,如图18所示。更多见的是车9进1的下法,试演一例:车9进1,车九进一;车9平4,仕四进五;炮2平7,车九平七;象3进1,相三进一;车4进5,车二平四;车4平2,马八进七;车2进1,车四进三;马7进8,兵七进一;卒7进1,相一进三;士4进5,马七进五;象7进5,兵七进一;马3退4,马三退二;车2退2,双方各有顾忌(选自 2008 年第六届"威凯房产杯"全国象棋排名赛河北苗利明与河南李少庚之战)。

7. 车九进一，车 9 平 8。

8. 车二进九，炮 7 进 3。

9. 仕四进五，马 7 退 8。

10. 车九平六……

黑方强行兑车、炮击底相是这一变例的核心战术。眼下红方右翼虽然空虚，但此时红车及时抢肋，准备左车右调，故并无大碍。

10. ……炮 5 平 9。

11. 车六进三……

红车巡河，要着！此招策应全局，使红方占据主动地位。在宁波举行的 2008 年"北仑杯"全国象棋大师冠军赛中，北京蒋川与河北申鹏也弈成同样局面，红方亮出新招：兵五进一，黑方接着走象 3 进 5；兵五进一，士 4 进 5；兵五进一，马 3 进 5；车六进四，马 8 进 7；车六平五，马 5 退 3；兵七进一，卒 3 进 1；炮八平七，车 1 进 2；车五平七，成互缠局面，最后激战成和。

11. ……马 8 进 7。

12. 车六平二，象 3 进 5。

13. 炮五平七……

红方卸中炮寻求变化。以往大多走马三进四，炮 7 退 4；车二进三，士 4 进 5；马四进六，车 1 平 3；马六进五，象 7 进 5；车二平一，红优。

13. ……卒 7 进 1。

14. 车二退四，炮 7 退 1。

15. 车二平三，卒 7 进 1。

16. 马三退一,炮7平8。

17. 兵七进一,象5进3。

黑可改走马7进6保卒封车,红则兵七进一,形成乱战,效果应好于实战。

18. 车三进三,马7进6。

19. 车三进六(图19)。

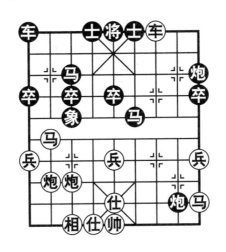

图 19

至此,形成如图 19 所示的局势,红方占优,结果红胜。

[小结]此局中黑方强行兑车、炮击底相的变例,大有黑炮孤军深入、后继乏力之感,加之黑阵形虚浮,主力出动缓慢,有受制之忧,故运用时须谨慎。

(二)车1进1

(2007 年 9 月全国象棋个人赛潘振波与申鹏之战)

5. ·······车1进1。

黑方抬右横车乃战理使然,符合缓开车的战略初衷。黑如改走车9进1,则车二进四,黑方失去了车9平8邀兑争先的机会,以下红方可兵三进一,从容兑兵活马,并扩展先手。

6. 炮八进一……

红方高左炮是针对黑方3路上的弱点而设计的攻着,别具巧思。如改走炮八平九,则炮2进4;车九平八,炮2平3,黑方可以满意。

6. ……车9进1。

黑走双横车,这是申鹏大师喜爱的走法,虽可迅速占据两肋要道,但右翼子力易受攻击,利弊参半。黑方另有两应招可供参考:一是车1平4,炮八平七;象3进1,车九平八;车9进1,车二进四;车9平6,仕六进五;车6进7,炮五平六;车4进5,炮七进三;炮2进4,兵七进一;象1进3,马七进八;炮2平5,炮六平五;车4退3,马三进五;炮5进4,车二进三;马3退5,车八进三;马7进6,车八平七;象7进5,至此,黑可一战。二是黑象3进1,炮八平七;炮2进4,车九平八;车1平2,仕四进五;车9进1,车二进四;车9平4,双方形成对峙局面,黑右翼子力免受攻击。

7. 炮八平七,车1平6。

8. 车九平八(图20)……

红方出车牵制黑方右翼子力,选择正确,如图20所示。红如急于走兵七进一,车6进3;兵七进一(如兵七平六,车9平3;兵六进一,车6平3;炮七进三,马3退5;车九平八,前车进3;车八进七,后车平4,黑足可抗衡),车6平3;兵七进一,车3进2;兵七平八,车3进1,至此,红虽多一过河兵,但子力位置较差,仍属黑方占优。

8. ……车6进4。

9. 车八进四,车9平4。

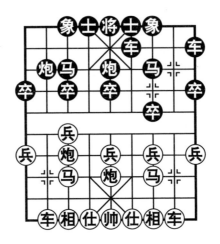

图 20

10. 仕四进五,卒 3 进 1。

11. 兵三进一……

红挺兵驱车,着法过于强硬。正常可改走兵五进一,车 4 进 5;炮七进三,象 3 进 1;炮七进一,车 4 平 7;马三进五,红方易走。

11. ……车 6 平 7。

12. 相三进一,车 7 进 2。

13. 兵七进一,炮 2 平 1。

14. 炮七进四,车 4 进 1。

黑如改走车 7 平 9,则炮七平三;炮 1 平 7,炮五进四;士 4 进 5,马七进六,红方占优。

15. 炮七平五,炮 1 平 5。

16. 马七进六,炮 5 进 4。

17. 车二进三……

红可考虑马六退七,则车 4 进 5(如改走炮 5 退 2,兵七平六;车 4 进 2,红马七进五踩双车,红胜定);车八平五,车 4 平 3;车五退一,象 3

进5;车二进六,红方占优。

17. ……炮5退2。

18. 马六进五,马7进5。

19. 车二进三,车4进1。

20. 车二平四,士4进5。

21. 帅五平四,将5平4。

22. 车八平七,车4进3。

23. 兵七平六,象7进5。

24. 兵六平五,马5进3。

25. 车四退二,车7平9(图21)。

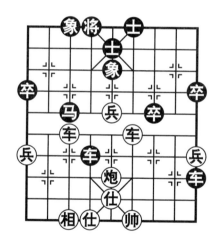

图 21

如图21所示,黑因贪吃边相,使右马陷入困境,最后落败。如改走车7退1,尚可对抗。

[小结]此局中黑以双横车对付红升左炮的战法颇有新意。从实战看,黑方要继续推敲并使之完善,方能久经红方的挑战与考验。

第四型　五七炮进三兵对屏风马进 3 卒

1. 炮二平五，马 8 进 7。

2. 马二进三，车 9 平 8。

3. 车一平二，马 2 进 3。

4. 兵三进一，卒 3 进 1。

5. 马八进九，卒 1 进 1。

6. 炮八平七，马 3 进 2。

7. 车九进一……

至此，形成五七炮进三兵对屏风马进 3 卒的基本阵势，这是目前最为流行的布局定式（见第四型图例）。

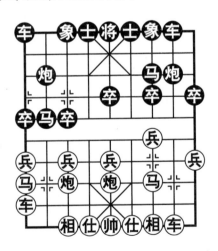

第四型图例

此时黑方有卒 1 进 1、马 2 进 1、象 3 进 5 和象 7 进 5 四种应法,各具不同变化,现分述如下。

(一)卒 1 进 1

7. ……卒 1 进 1。

8. 兵九进一,车 1 进 5。

9. 车二进四,象 7 进 5。

10. 车九平四(图 22)……

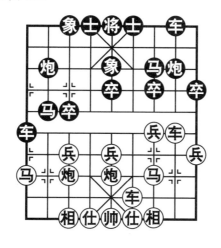

图 22

如图 22 形势下,黑方主要有车 1 平 4、卒 3 进 1 和士 4 进 5 这三种变化,详述如下。

变化 1:车 1 平 4

(2008 年 11 月全国象棋个人赛赵鑫鑫与苗利明之战)

10. ……车 1 平 4。

黑车占右肋,是近期流行的一种着法。

11. 车四进三,车 4 进 1。

黑方进车避开兑子,准备续走马 2 进 3,力求打开局面,是平车控肋的后续手段。如误走车 4 进 2 捉炮争先,则红方炮五平四,伏相三进五打车的手段,黑不敢车 4 平 3 吃炮,红方占优势。

12. 仕六进五……

以往的着法是补右仕,补左仕是突破传统观念的新走法(以前认为左翼空虚,不可取),近期频频出现,亦复杂多变。

12. ……士 4 进 5。

13. 车四平九,炮 8 进 2。

14. 炮五平四,卒 3 进 1。

黑弃卒准备奔马,是流行的打破僵局、寻求变化的一种下法。

15. 兵七进一……

如改走炮七进二,则车 4 平 5;炮四进五,炮 2 平 6;马三进五,炮 6 进 3;车二进一,车 8 进 4;炮七进二,炮 6 平 4;炮七平三,卒 5 进 1,双方对抢先手(选自第三届全国体育大会吕钦与于幼华之战)。

15. ……马 2 进 4。

黑如仍走车 4 平 5,则兵七进一;车 5 平 7,相七进五;象 5 进 3,兵三进一(如炮七进七,炮 8 平 5;车二进五,马 7 退 8;炮七退三,象 3 退 5;炮七平三,车 7 平 6;车九平四,车 6 平 4;兵三进一,马 8 进 9;炮三平四,车 4 平 7;兵三平四,车 7 进 1;兵四平五,卒 5 进 1;车四平九,车 7 退 4,红多一相,黑多中卒,接近均势);卒 7 进 1,炮七进七;车 7 进 1,车二平七;炮 2 退 2,车九进五;马 2 退 1,帅五平六;马 7 进 6,车七进一,红方弃子,占优(选自 2008 年全国象棋个人赛聂铁文与苗永鹏之战)。

16. 车二退一,马 4 退 6(图 23)。

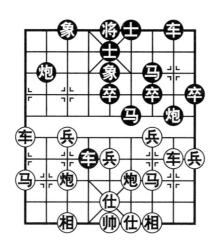

图 23

退马是苗利明大师喜爱的走法,如图 23。对于此手,特级大师赵国荣在 2008 年大赛中曾做以下尝试:炮 2 进 4,相七进五;炮 8 平 4,车二进六;炮 2 平 5,炮七平六;马 7 退 8,车九进一;炮 4 平 5,马三进四;车 4 平 2,马九退七;车 2 平 3,车九平六;车 3 退 1,马七进六;车 3 进 4,炮六退二;马 4 进 2,马四进五;前炮退 3,车六平五;车 3 退 3,车五进一;车 3 平 4,黑方稍占优。

17. 炮四进一,车 4 退 1。

18. 车九平八,炮 2 进 2。

黑升炮巡河,有自找被牵制之嫌,容易被对方利用,不如改走炮 2 平 1,这样更稳健一些。

19. 炮七平四,车 4 平 7。

20. 后炮进三,车 7 进 2。

21. 相七进五,车 7 退 3。

22. 前炮退一,车 7 平 5。

23. 兵五进一，车 5 进 1。

24. 车八进一，炮 8 平 5。

黑如直接走车 5 平 6 吃炮，红则炮四平九；炮 8 平 5，炮九进六；士 5 退 4，车二平六；士 6 进 5，帅五平六，红方有攻势。

25. 车二进六，马 7 退 8。

26. 前炮进二，车 5 平 6。

至此，黑方先弃后取，找回失子；而红方获先手，稍占主动，结果红方获胜。

［小结］此局中红方稳中进取，以其特有的优越性风靡棋坛。近年来，五七炮进三兵对屏风马进 3 卒的布局已发展成为"马炮争雄"的主流，在全国各种大赛上大放异彩。

变化 2：卒 3 进 1

（2008 年"嘉周杯"象棋特级大师冠军赛赵国荣与赵鑫鑫之战）

（上接图 22）

10. ……卒 3 进 1。

黑进 3 卒邀兑较为少见，乃近期出现的新招。

11. 车四进三，卒 3 平 4。

黑如改走马 2 进 4，则炮七进二；马 4 进 5，相三进五，也是红方得先手。

12. 炮七退一，车 1 进 1。

13. 兵七进一，车 1 平 4。

14. 兵三进一……

红献三兵为精彩之着！意在下一步再弃七兵攻击黑方右翼。

14. ……卒 7 进 1。

15. 兵七进一，象 5 进 3。

黑方只能接受挑战，别无选择。

16. 炮七进八，士 4 进 5。

17. 车四平六，车 4 退 1。

18. 车二平六，象 3 退 5。

19. 车六平七……

红弃炮换双象，乃预定计谋。

19. ……象 5 退 3。

20. 车七进五，士 5 退 4。

21. 车七退四，马 2 退 3。

22. 车七平三，炮 8 平 9。

23. 马三进四，车 8 进 5。

24. 马四进三，车 8 退 2。

25. 马九进七，炮 9 退 1。

26. 马三进五……

红马踏中宫，逼黑兑子，为抢先之着。如改走车三平七，则车 8 平 7；车七进二，炮 9 进 1，黑方先手、多子，占优。

26. ……炮 2 平 5。

27. 车三进二，炮 5 进 4。

28. 仕六进五，马 3 退 5。

29. 车三进一（图 24）。

至此，形成图 24 局势，红车正捉黑炮，下伏马七进六踩黑中炮，再马六进八的凶着，红方占势易走，结果获胜。

［小结］此局中黑方为卒 3 进 1 的新招尝试付出了一定的代价；红

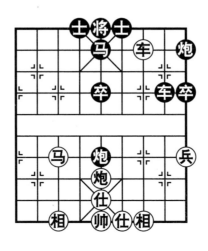

图 24

方炮换双象的攻法可圈可点。

变化 3：士 4 进 5

（2009 年 4 月 23 日第 15 届全国农民象棋赛黎德志与李强之战）

（上接图 22）

10. ……士 4 进 5。

黑补右士，虽较少见，但在近年全国赛事上时有出现。

11. 车四进三，车 1 进 1。

12. 兵七进一，卒 3 进 1。

13. 车四平七，车 1 平 4。

14. 炮七退一，炮 8 进 2。

黑炮巡河意在策应右翼。实际上，此处不如改走车 4 退 1，抢占河沿要道。在 2008 年第 6 届"威凯房地产杯"全国象棋排名赛上，洪智与谢靖弈成相同局面时，谢靖即走：车 4 退 1，车七进二；炮 2 平 4，仕六进五;炮 8 进 1,升炮守护卒林,含蓄而有力,取得了令人满意的效果。

15. 炮七进八(图 25)……

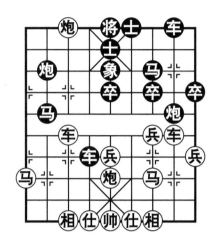

图 25

如图 25 形势下,红方弃炮打象,着法强硬。多数棋手在此处会选择仕六进五的稳健下法。

15. ……炮 8 平 3。

黑平炮属软着,不如改走象 5 退 3 接受弃子,红如续走车七进一,则卒 7 进 1;车七进四,车 4 退 6;车七平六,士 5 退 4;兵三进一,黑方多子,红方占势,相比之下虽属红方好走,但大大优于实战效果。

16. 车二进五,马 7 退 8。

17. 马三进四,车 4 平 5。

18. 马四进六,车 5 退 2。

19. 马六进五,炮 2 平 4。

20. 马五退三,车 5 平 6。

至此,红方赚象得势,大占优势,结果获胜。

[小结]黑补右士是探索性的新着,其性能的优劣尚须经过更多实战的检验。笔者认为,补左士更利于防御。

(二)马2进1

(2009年12月6日全国象棋个人赛河北陈翀与黑龙江赵国荣之战)

(上接第四型图例)

7. ……马2进1。

黑马踩边兵是当前局面下较好的下法,有打乱红方节奏之意图。另有象3进5和象7进5的常见变化,在以下两局中介绍。

8. 炮七进三(图26)……

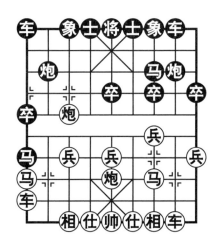

图26

如图26形势下,洪智于2009年3月的赛事中选择了炮七退一。以下车1进3,车九平八;炮2平4,车八进二;卒1进1,兵七进一;卒1平2,车八进一;马1退3,仕四进五;象7进5,炮五平七;炮8进4,相三进五;炮8进1,马九进七;车1进5,前炮进二;卒3进1,炮七进三;

车 1 退 4,黑方满意(选自 2009 年"花木广洋杯"全国象棋大棋圣战洪智与徐超的实战)。

8. ⋯⋯车 1 进 3。

9. 车九平六,车 1 平 3。

10. 炮七平四,车 3 进 1。

11. 炮四退三,车 3 平 6。

12. 仕六进五,马 1 退 2。

13. 车二进六,象 3 进 5。

象 3 进 5 是改进之着,以往走法是象 7 进 5。

14. 车六进六,炮 2 进 1。

进炮正着,如误走炮 2 平 3,则马九进八;卒 1 进 1,车六退二,红方大占优势。

15. 车六平八,炮 2 平 4。

16. 马三进四,车 6 进 1。

17. 车八退二,卒 1 进 1。

18. 车八平六,炮 4 平 3。

19. 车六进一,炮 3 进 6。

黑飞炮轰相,使左马脱根,不如改走炮 3 退 1 更为稳健些。

20. 车二平三,炮 8 进 5。

21. 炮四进七⋯⋯

红炮轰底士似好实坏,致使局面失去控制。应改走炮五平二兑炮,以下车 8 进 7,车三进一;士 6 进 5,炮四平五;将 5 平 6,车三退一;卒 1 进 1,马九退七;车 8 进 2,炮五进四;炮 3 平 6(如车 8 平 7,则马七进五,红方大占优势),炮五平四;炮 6 退 6,车三平四;车 6 退 2,车六平四,红方多子呈胜势。

21. ······车8进2。

22. 炮四退二,炮8平7。

黑平炮打车并无实质性的收获,如改走炮8平1吃马,将形成乱战之势。试演如下:炮8平1,帅五平六;炮1进2,帅六进一;炮3平7,车三平五;炮1平4,炮四平二;炮4退6,车五平六;士4进5,双方各有顾忌,胜负难料。

23. 车三平五(图27)······

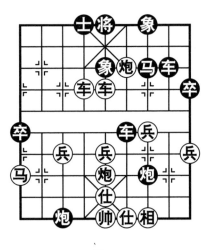

图27

红吃卒为败着,如图27所示。应改走炮五进四,象5退3;车三平一,车6退3;炮五退二,车8进2;车一平五,士4进5;兵三进一,车8平7;车五平三,车7平5;车六退一,车5退2;车三退四,红占主动。

23. ······车8进2。

24. 帅五平六,士4进5。

25. 车五退二,车6退1。

至此,黑方双车联手,控制了局面,终局获胜。

[小结]综观本局,双方纠缠甚紧,但红方攻法有些令人质疑之处,

致使浪费多次机会。笔者总体感觉是：若红方攻守兼顾，则机会较多。

（三）象3进5（2009年11月18日

中国首届智运会象棋青年团体赛

四川李少庚与北京王天一之战）

（上接第四型图例）

7. ……象3进5。

黑飞右象，意在稳中求变，别有一番韵味。

8. 车二进六，车1进3。

9. 车九平四（图28）……

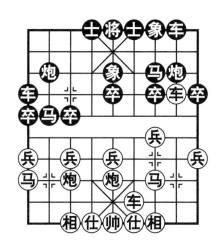

图28

如图28所示，红方的这手车九平四是新着。常见的是：车九平六，则炮8平9，以下红有车二平三吃卒或车二进三兑车的两种选择，各具变化。

9. ……炮8平9。

黑平炮兑车，依样画葫芦，却误中新着"飞刀"，导致不利局面。应

47

改走士4进5,红如接走马三进四,黑再平炮兑车,这样可形成势均力敌的局面。

10. 车二进三,马7退8。

11. 车四进七……

红方抓住黑方平炮兑车的软手,车进象腰,占据要道,至此,黑方局势不容乐观。

11. ……马8进7。

12. 马三进四,车1平4。

13. 炮五平三,士6进5。

14. 炮七进三,炮2平3。

15. 相七进五……

行棋至此,已被红方取得全面控制之势。

15. ……卒5进1。

16. 炮七平九,炮3退1。

17. 炮九进四,象5退3。

18. 车四退三,车4平1。

19. 炮九平八,马2进4。

20. 车四平五,车1平2。

21. 炮八平九,车2平1。

22. 炮九平八(图29)。

红方躲炮,软手。应改走炮九平六打士,抓住这一击制胜的机会。后来红方出现失误,终局黑方获胜。

[小结]红方"飞刀"小试,取得了局面控制之势,可圈可点。后来虽失利,但不属于布局问题。

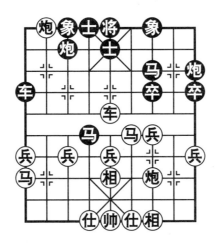

图 29

（四）象 7 进 5

（"启新高尔夫杯"全国象棋甲级联赛黑龙江赵国荣与大连金波之战）

（上接第四型图例）

7. ……象 7 进 5。

黑飞左象，下法含蓄，旨在以静制动。与以上介绍的卒 1 进 1，马 2 进 1、象 3 进 5 几种变着相比，另具特点，如何选择，可依个人喜好而定。

8. 马三进四……

红跃马河口，欲从中路进攻，着法积极，符合红方布局特点。

8. ……卒 1 进 1。

9. 兵九进一，车 1 进 5。

10. 马四进五……

红进马踹卒，招法简洁明快。

10. ⋯⋯马7进5。

11. 炮五进四,士6进5。

12. 车九平六(图30)⋯⋯

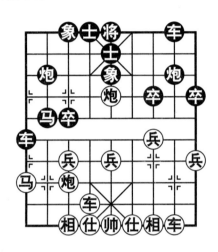

图30

红车平肋是积极的着法。在第5届"嘉周杯"全国象棋特级大师冠军赛上,吕钦与柳大华弈成相同局面时,此手改车九平六为相三进五,以下车1退2,炮五退一;马2进1,炮七退一;车1平2,炮七平一;车8平6,车九平六;车6进6,兵五进一;车2平6,车六平八;卒3进1,至此,红车八进二捉死边马,黑则炮2进3弃马后强攻中路,黑方取得令人满意的局面。

12. ⋯⋯车8平6。

黑方平车肋道,防红车六进六的凶着,正确!

13. 相三进五,车6进6。

14. 兵七进一,车1退2。

黑方如改走车6平5,则车六进五;车1平3,炮七退一,红方占优。

50

15. 兵七进一,车 1 平 5。

16. 车六进七,象 3 进 1。

17. 兵七平八。

至此,红以炮换马,另有一过河兵;黑方阵形不整,红占优。结果红方获胜。

[小结]此局红方战法简洁明快,始终控制局面,机会较多;黑方重演此阵时需谨慎。

第五型　中炮过河车急进
中兵对屏风马平炮兑车

1. 炮二平五,马 8 进 7。

2. 马二进三,车 9 平 8。

3. 车一平二,卒 7 进 1。

4. 车二进六,马 2 进 3。

5. 兵七进一,炮 8 平 9。

6. 车二平三,炮 9 退 1。

至此,形成中炮过河车对屏风马平炮兑车的基本阵势。屏风马因其阵势稳固且有较强的反弹力,被公认为是对抗中炮过河车的有力武器。现黑退炮,准备平 7 驱车,以图稳步推进。

7. 兵五进一(第五型图例)……

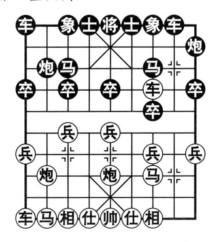

第五型图例

红方急进中兵,想快速打开中路,冲垮对方防线,同时也在气势上压迫对方,制造对方的心理压力。

此形势下,黑有马3退5和士4进5两种应法,分述如下。

(一)马3退5

7.……马3退5。

常规套路是士4进5,而马退窝心这一奇特的变招源于网络象棋大战,在全国大赛上崭露头角后,现已成为抗衡中炮急冲战术的有力武器。

8. 炮八进四……

过河炮是具有针对性的流行招法。另有车三退一的变化,介绍如下:车三退一,炮2平5;马八进七,车1平2;车九平八,炮9平7;车三平六,车2进6;兵三进一,车8进6;炮八退一,马5进3;炮八平五,车2平6;兵五进一,车8平7,黑方占优势。

8.……卒3进1。

黑方弃卒,下一手平炮攻车是反击的经典战术。

9. 兵七进一,炮9平7。

10. 炮五进四(图31)……

炮轰中卒是常见的战术。如改走车三平二,则车8进3;炮八平二,马5进6;兵五进一,炮2平5;兵七平六,卒5进1;兵六平五,炮7平5;马八进七,后炮进3;马三进五,前炮进3;相七进五,车1平2,黑方足可抗衡。

如图31形势下,黑方又有马7进5和象3进5两种变着,详见

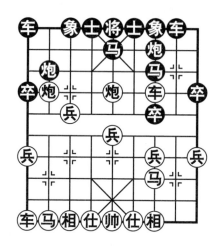

图 31

下述。

变着 1:马 7 进 5

(2009 年 9 月 12 日全国象棋擂台赛李贵勇与乔言之战)

10. ……马 7 进 5。

11. 车三平五,炮 2 平 5。

12. 相三进五……

红方飞右相不多见,网络战中多见仕六进五或相七进五。

12. ……马 5 进 7。

13. 车五平四,车 8 进 7。

14. 车四进一……

如改走马三退五,则炮 7 平 5;马五进七,后炮进 4;仕六进五,车 1 平 2;马八进九,后炮进 5;相七进五,车 8 平 5;马九进七,炮 5 平 8;车四平二,车 5 平 3,黑占优(选自网络象棋之战)。

14. ······马 7 进 8。

15. 炮八平五,炮 7 平 5。

16. 兵五进一······

红方弃子搏杀,属勉强之举,局面因此不堪收拾。可改走炮五进二,士 4 进 5,车四平二,红方尚可周旋。

16. ······车 8 平 7。

17. 车九进一,后炮进 2。

18. 兵五进一,炮 5 平 1。

20. 马八进七,车 7 退 1。

20. 马七进六,车 7 平 4。

21. 马六进八,车 1 平 2。

22. 车四退二,车 2 进 3。

23. 车四平五,士 4 进 5。

24. 车九平七,炮 1 平 3。

至此,黑把握多子优势,稳步推进,已胜利在望。红见大势已去,投子认负。

变着 2:象 3 进 5

(2009 年 11 月 20 日全国首届智运会象棋赛申鹏与许银川之战)

10. ······象 3 进 5。

黑飞右象,乃求变之着。

11. 车三进一(图 32)······

如图 32 形势下,红方弃车砍马,乃令人震惊的新招!开局伊始便果断弃车,需要超常的勇气与胆识。

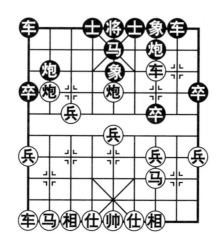

图 32

2007 年王斌对苗利明的比赛中,曾这样下过:车三平四,马 7 进 5;车四平五,车 1 平 3;车五平四,车 3 进 4;炮八平五,车 3 退 1;相七进五,炮 2 进 1;兵五进一,炮 7 进 5;马八进六,炮 2 平 5;兵五进一,象 5 退 3;车四退一,车 3 平 5;马三进五,象 3 进 5;车九平八,马 5 进 7;车四退二,炮 7 平 8;马五进七,车 8 进 3;车八进六,炮 8 退 2;车八平五,车 8 平 5,黑方略优,终局成和。

11. ……炮 2 平 7。

12. 兵五进一,卒 7 进 1。

13. 马三进五,卒 7 进 1。

14. 相七进五……

红如改走相三进五,则黑前炮平 8;马五进三,炮 8 进 7;相五退三,车 8 进 4,红相头马受制,黑方具攻势。

14. ……卒 7 平 6(图 33)。

黑方平卒欺马,如图 33 所示。如改走前炮进 7,相五退三;炮 7 进 8,仕四进五;炮 7 平 9,马五进四;车 8 进 9,仕五退四;卒 7 进 1,马八

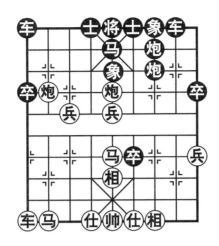

图 33

进六;车1平2,炮八平七;卒7进1,马六进五,至此,黑2路车被控,7路卒无法逼攻,且无后续手段,红方呈胜势。

15. 马八进七……

红弃车之后再弃马,决战姿态跃然枰上。

15. ……卒6平5。

16. 马七进五,车8进6。

17. 马五进四,前炮进2。

18. 兵七平六,车1平2。

19. 炮八平七,车2平3。

20. 炮七平八,车3平2。

21. 炮八平七,卒9进1。

黑把边卒预防红七路炮伺机右移,细腻!

22. 车九平八,车2平3。

24. 炮七平六……

炮藏兵后,形成双炮双兵"方四"阵,加上红马,配合成典型的"板刀五"阵势,围棋之形跃然象枰之上,真是难得一见的奇妙景观。

23. ······车 3 进 2。

24. 车八进四,车 8 平 6。

25. 仕四进五,车 3 平 4。

26. 炮六平八,车 4 平 2。

27. 炮八平七,车 2 平 3。

28. 炮七平六,车 3 平 4。

至此,双方不变,可判和棋。因黑方在多一车之下不肯和棋,硬变着求胜,结果失误,红胜。

[小结]综上所述,黑退窝心马这一奇特布局,应该说是风险与机遇并存,其显著特点是变化复杂,一着不慎,满盘皆输。

(二)士 4 进 5

(上接第五型图例)

7. ······士 4 进 5。

黑补士加强中路,是流行已久的传统模式。

8. 兵五进一,炮 9 平 7。

9. 车三平四,卒 7 进 1。

黑献 7 卒抢先反击,是抗击"急冲"的佳着。另有卒 5 进 1 和象 3 进 5 的应着(较为消极),演示如下:

①卒 5 进 1,马三进五;卒 5 进 1,炮五进二;象 3 进 5,炮八平四;马 3 进 5,马八进七,红占先手。

②象 3 进 5,兵五平六,中兵顺势过河,红占优。

10. 马三进五,车 8 进 8。

红方右马盘中出击,竭尽火速之能事,符合"急冲"的布局构思。如改走兵三进一,则相对缓和。黑方进车下二路,逼红马空型,战法经典。

11. 马八进七(图 34)……

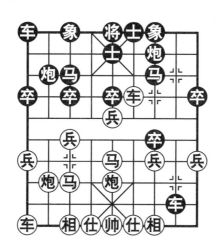

图 34

如图 34 形势下,黑方有两种着法:卒 7 进 1 和卒 7 平 6。这里介绍一下卒 7 进 1 着法。

11. ……卒 7 进 1。

12. 马五进六,象 3 进 5。

黑飞象弃马,经典之作! 如改走马 3 退 4,红则兵五进一;马 7 进 8,车四平三;炮 2 平 7,马六进八,对攻中红方占优。

13. 马六进七(图 35)……

红方先得一子。如图 35 形势下,黑方又有卒 7 平 8 和车 1 平 3 两种变化,演示如下。

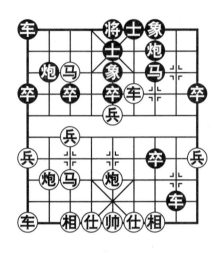

图 35

变化1:卒7平8

（2009年6月15日全国象棋精英邀请赛申鹏与于幼华之战）

13. ……卒7平8。

分卒轰相是冷门战术。

14. 仕四进五,车8进1。

黑方进车吃相是改进后的下法。在2009年全国象棋团体赛上,金波与黄仕靖弈成与此相同的局面时,走的是炮7进8,炮八退一;车8进1,车九进二;车1平3,车九平八;炮2进6,车八退一;车3进2,兵五进一;炮7退6,车四退六;炮7进6,车四进八;炮7退4,仕五退四;炮7进4,仕四进五;炮7退5,仕五退四;象5退3,车八平三,红优,结果红胜。

15. 兵九进一,卒5进1。

黑吃中兵反而暴露出中路弱点,不如改走车1平3,先看红马的动向,然后再做打算。

16. 车九进三,车 1 平 3。

17. 前马进五,士 6 进 5。

18. 车四进二,车 3 进 2。

19. 车九平八,车 8 平 7。

20. 仕五退四,车 7 退 3。

21. 炮五进一……

红进炮巧妙,不给黑方缓解右翼压力的机会。

21. ……炮 2 进 5。

22. 车四平三,马 7 进 6。

23. 车三退五,卒 8 平 7。

24. 车八退一。

至此,黑方虽少一子,但双卒活跃,局势得到缓解,后因缓手,结果红方获胜。

变化 2:车 1 平 3

(2008 年 12 月 22 日上海超霸赛赵鑫鑫与李雪松之战)

(上接图 35)

13. ……车 1 平 3。

14. 前马退五,马 7 进 8。

黑跳外肋马踩车,是最流行的弃炮谋车的套路变化,演变下去,和势较浓。另有两种变化:

①卒 3 进 1,兵七进一;马 7 进 5,兵五进一;炮 7 进 8,仕四进五;车 3 进 4,炮八退一;车 8 退 4,车九进二;炮 7 平 9,车九平八;炮

2 平 4,双方对攻,黑方占优。

　　②车 3 平 4,炮五平六;车 4 进 6,炮八平九;马 7 进 5,相三进五;车 8 平 3,车九平八;炮 2 退 1,兵五进一;车 3 退 1,仕六进五,红占先。

　　15. 车四平三,马 8 进 6。

　　16. 车三进二,马 6 进 4。

　　17. 仕四进五,马 4 进 3。

　　18. 帅五平四,马 3 进 1。

　　19. 车三退五,马 1 退 2。

　　黑如改走车 8 退 3,则炮八进二;车 8 平 3,兵五平六;前车进 2,炮八平二,红弃子,占优势。

　　20. 炮五平八,车 8 退 3。

　　黑如改走车 8 退 4,红则炮八进三;黑若接着走车 8 平 5,红则马五退七打死车。

　　21. 车三平五……

　　平车保兵,创新之着。

　　21. ……卒 3 进 1。

　　22. 炮八进三……

　　红弃兵升炮,风险较大,不如兵七进一稳妥。

　　22. ……,车 8 进 4。

　　23. 相七进五,卒 3 进 1。

　　24. 车五平三,卒 3 平 2(图 36)。

　　黑应改走炮 2 平 1,易控制局面。

　　至此,盘面如图 36 所示,双方成互缠

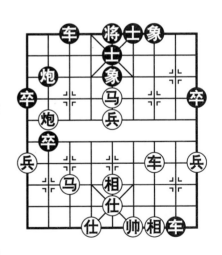

图 36

之势。后来由于黑方时间紧,结果红胜。

[小结]此布局中所列的两种变化,双方以攻对攻,搏杀激烈,引人入胜。这一布局要求棋手赛前准备充分,为擅长中局搏杀、着法凶狠的棋手所青睐。

第六型　中炮直横车对
屏风马两头蛇(一)

1. 炮二平五,马 8 进 7。

2. 马二进三,车 9 平 8。

3. 车一平二,卒 7 进 1。

4. 车二进六,马 2 进 3。

5. 马八进七……

红左马正起,加快大子出动速度,是先手方的一种流行攻法。相比进七兵的走法,新手更易掌握。

5. ……卒 3 进 1。

6. 车九进一(第六型图例一)……

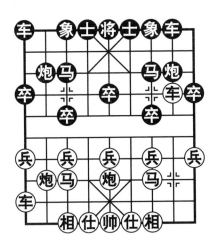

第六型图例一

至此,形成中炮直横车对屏风马两头蛇的布局阵势。

6.……象 3 进 5。

黑飞右象是近期比较流行的走法,也是对炮 2 进 1 这一老式走法的改进,给这一布局体系带来新意。

7. 车九平六,马 7 进 6。

黑方左马盘河,主动挑起争端。改进后的两头蛇积极进取,一扫过去被动求和的思想观念,令人振奋,为大家所喜用,推动了布局的创新与发展。

8. 兵五进一,卒 7 进 1。

9. 车二平四(图 37)……

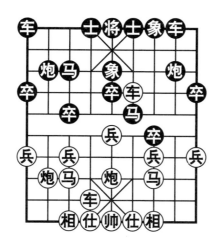

图 37

如图 37 形势下,黑方有马 6 进 7 和卒 7 进 1 两种变化,分述如下。

（一）马 6 进 7

（2009 年 11 月 29 日全国象棋个人赛北京张强与河北申鹏之战）

9. ……马 6 进 7。

用马吃兵是新招，一般都走卒 7 进 1，详见下局。黑方临场抢先变着，显然早有准备。

10. 马三进五，炮 8 进 7。

红马盘中，继续加强中路攻势；黑方直接沉底炮，着法强硬，一场比速度的生死大战拉开帷幕。

11. 兵五进一，炮 8 平 9。

12. 炮五平二……

面对黑方拼命的招法，红方只好让步。就棋势而言，应改走兵五进一，黑如接着走车 8 进 9，则有马五退三踩车的巧手，黑方不利。

12. ……卒 7 平 6。

黑方献卒，意在延缓红方中马推进的速度。

13. 兵五进一，车 8 进 5。

至此，黑方局面已可满意。

14. 马五进六，马 3 进 4。

15. 车六进四，士 4 进 5。

16. 兵五进一，象 7 进 5。

17. 车四平五，车 8 退 3。

18. 炮二平五，马 7 退 5。

红炮平中，似乎不如改走仕六进五，以下伏车五进一得象的手段，看看黑方如何防守，再做进一步打算。

黑方回马借挂角防守,为争先之着。

19. 炮五进一,车 8 进 7。

20. 相七进五,车 1 平 4。

21. 车六进四,将 5 平 4(图 38)。

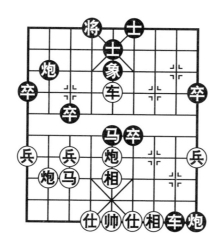

图 38

至此,形成图 38 所示局势,红方多相,黑有过河卒,总体看来是双方各有顾忌的局面。后因红方时间紧,弈出软手,结果落败。

[小结]红方面对新着,临枰难以看清盘面,只好做出策略性的退让,可见进马踩卒这一新着的闪光点不容小觑。再遇此阵,可参照文中点评行棋。

(二)卒 7 进 1

9. ……卒 7 进 1。

黑如改走马 6 进 8,则马三进五;卒 7 进 1,马五进三,红方子力占优势。

10. 兵五进一……

红方冲中兵求变，是一种战法。如改走车四退一，则卒 7 进 1；车四平二，车 8 进 1；马七进五，车 1 进 1，黑方也可一战。

10. ……卒 7 进 1(图 39)。

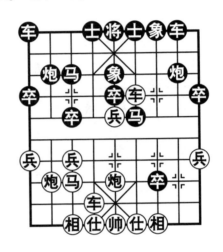

图 39

如图 39 形势下，红方有兵五进一和车四退一两种战法，详见下述。

战法 1：兵五进一

(2009 年 4 月 12 日"泰丰杯"全国象棋团体锦标赛北京刘欢与河北胡明之战)

11. 兵五进一，士 4 进 5。

12. 车四退一，炮 8 平 7。

13. 相三进一，车 8 进 6。

黑方进车兵林，限制红马盘中，是抗衡红方的关键之手。若被红马跃出参战,黑将难以抵抗。

14. 兵五平六,车 8 平 3。

15. 车六平四,将 5 平 4。

黑出将解杀有惊无险,如改走炮 2 退 2,则马七退五;卒 7 进 1,后车平三;炮 7 进 4,炮五进二;卒 3 进 1,兵六进一;炮 7 平 5,马五进四;卒 3 平 4,炮五进二;炮 5 退 1,马四进三;炮 2 进 1,炮八平六;马 3 退 2,车四平六,红优,结果获胜(选自 2008 年"杨官璘杯"蒋川与汪洋之战。)

16. 兵六平七,马 3 进 5。

马 3 进 5 为被逼之着,因红暗藏前车进四,士 5 退 6,车四平六的杀棋。

17. 炮八进四,马 5 进 4(图 40)。

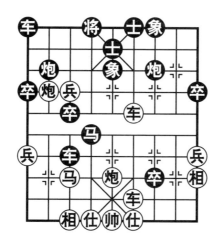

图 40

如图 40 形势下,黑马主动献入虎口,精彩! 这一手化解了红方的攻势。黑若示弱走马 5 进 7,则兵七进一;炮 7 平 6(如炮 7 平 3 打兵,则前车进四;士 5 退 6,车四平六杀),前车平六;将 4 平 5,车六平三,红方呈胜势。

18. 前车平六……

正着。如误走前车进四，士 5 退 6；车四进八，将 4 进 1；车四平九，车 3 进 1，红方无棋，黑得子呈胜势。

18. ……将 4 平 5。

19. 车六退一，车 3 进 1。

20. 车四进七，车 1 平 4。

21. 车六平五，车 4 进 8。

22. 仕四进五……

红补仕先避一手，属无奈之举。如改走车五进五吃象，黑则将 5 平 4 要杀，下着再炮 2 退 1，红方丢子；又如炮五进五，黑也将 5 平 4，下着仍有炮 2 退 1 打车得子的手段。

至此，双方成互缠之势，后来红方失误，结果黑胜。

战法 2：车四退一

（2008 年 12 月 6 日第十届"北仑杯"
全国象棋大师赛河北苗利明与北京张强之战）

11. 车四退一，炮 8 平 7。

12. 相三进一，车 8 进 6。

黑进车占据要道，控制红马出路，为积极之着。若求稳，也可改走炮 2 进 2 拴链。

13. 车六平四……

应改走兵五进一，则士 4 进 5，炮五进一，红方足可一战。

13. ……士 4 进 5。

14. 炮五进四，马 3 进 5。

15. 兵五进一，车 8 平 3。

16. 兵五进一,象 7 进 5。

17. 炮八平三,车 3 进 1。

18. 炮三平五,炮 7 平 6(图 41)。

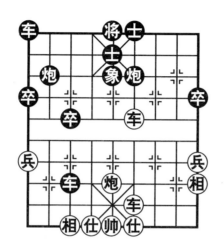

图 41

至此,形成了如图 41 所示的局势,红方弃马的效果逐渐显现。黑方此手平炮拦挡不如改走炮 2 退 2,以后再车 1 进 2 护象兼亮车,形势一片大好。实战着法反给了红方继续纠缠的机会。

19. 前车平五,车 3 平 4。

20. 仕四进五,车 4 退 4。

黑如误走车 4 退 5,红则车四进六砍炮;士 5 进 6,车五平六,红方得回一子后形势占优。

21. 车五进二,车 4 退 1。

22. 车五退一。

至此,形成红方少子有势、黑方多子缺象,双方互有顾忌的局面,后因黑方求胜心切导致失误,结果红方胜。

[小结]此布局所列的红方两种战法,前一种中黑方献马解围,成

为抗衡红方进攻的精彩之招,达到了预期效果,可圈可点;后一种中红方弃马强攻,在策略上起到给对方制造复杂局面、增加心理压力的作用,这一点是可取的,但弃马新着仍须改进与完善。

总之,从目前实战来看,红方机会较多,占据上风。至于胜负与和的结果,更多的是取决于棋手的中局功底。

中炮直横车对屏风马两头蛇(二)

1. 炮二平五,马8进7。

2. 马二进三,车9平8。

3. 车一平二,卒7进1。

4. 车二进六,马2进3。

5. 马八进七,卒3进1。

6. 车九进一,炮2进1。

进炮驱车是目前流行的变化。

7. 车二退二,象3进5(第六型图例二)。

如第六型图例二所示,形成中炮直横车对屏风马两头蛇的常见阵势,红有兵三进一和兵七进一两种战法,现分述如下。

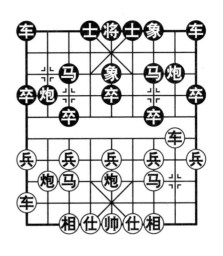

第六型图例二

(一)兵三进一

8. 兵三进一,卒 7 进 1。

黑方兑卒接受挑战。如改走炮 2 进 1,则会形成流行于 20 世纪 90 年代的"四兵卒相见"的模式,后因效果欠佳,此模式逐步被弃用。近年来,汪洋大师老谱翻新,使这一变例重现活力。试举一例:炮 2 进 1,兵七进一;炮 8 进 2,车九平六;士 4 进 5,炮八退一;卒 7 进 1,车二平三;卒 3 进 1,车三进三;炮 8 平 3,马七退九;炮 3 进 5,仕六进五;车 1 平 2,车三退三;炮 2 平 7,至此,形成双方互有顾忌的局面(选自 2009 年"磐安杯"全国象棋精英赛王斌对洪智的实战)。

9. 车二平三,马 7 进 6(图 42)。

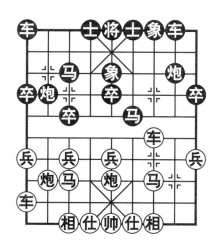

图 42

如图 42 形势下,红方有车九平四和兵七进一两种选择,分别演示如下。

选择1:车九平四

(2009年2月23日第29届"五羊杯"
全国象棋冠军赛北京蒋川与黑龙江陶汉明之战)

10. 车九平四……

近期流行的下法是兵七进一,双方另有攻守,详见下局介绍。

10. ……炮2进1。

11. 车四平二,车1进1。

12. 兵七进一,卒3进1。

13. 车三平七,车8进1。

14. 炮五平四……

卸中炮是新变例。前几年流行的变例为车七平四,象5进3;炮五平四,炮8平6;车二进七,车1平8;车四平七,炮6进5;炮八平四,象7进5,形成平稳局势。

14. ……马3进4。

老式下法是炮8平7,车二进七;炮7进7,帅五进一;车1平8,车七进三;车8进7,炮四退一,形成黑弃子抢攻,虽双方互有顾忌,但红方机会较多的局面。

15. 马三进四,车8平3。

16. 车七进四,车1平3。

17. 马四进六,车3进6。

18. 相三进五,车3退3。

19. 马六进五,象7进5。

20. 车二进六(图43)。

至此,如图43所示,形成这一布局体系中的一个定式,红方多相,

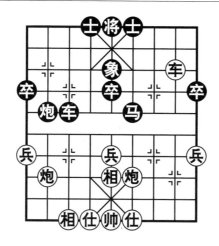

图 43

稍好。后经近百回合大战,结果红胜。

选择 2:兵七进一

(2008 年 11 月 12 日"松业杯"全国象棋个人锦标赛

黑龙江赵国荣与广东许银川之战)

10. 兵七进一,卒 3 进 1。

11. 车三平七,炮 8 平 7。

12. 车九平四,车 8 进 4。

13. 马三进四,车 8 平 7。

14. 马四退二,车 7 平 8。

15. 炮八进一,士 4 进 5。

近期较为流行的下法是:炮 2 进 1,炮五平二;炮 2 平 5,仕四进五;马 6 进 7,炮二进三;马 7 进 6,马二退四;车 1 进 1,双方另有一番争斗。

16. 炮五平二,马 6 进 7。

17. 炮二进三,马7进6。

18. 帅五进一,车1平4。

19. 帅五平四,车4进8。

20. 仕四进五,炮2退2。

21. 车七平三……

红平车捉炮后退帅是近期流行的攻法,其效果极佳,得到了大家的认可,以往炮八进四的攻法已逐渐被淘汰。

21. ……炮7平6。

22. 帅四退一,车4退4(图44)。

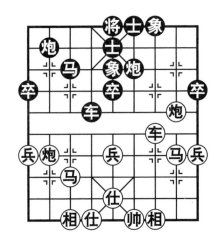

图44

如图44形势下,黑方退车捉炮这个变化曾出现过一段时间,效果并不理想。此时许银川再次采用,一定是对此变化有了新的研究。还有一种变化是炮2平3,炮八进四;车4退4,马二进三;炮6平7,炮八平五;象7进5,炮二进四;炮7退2,马三进二;炮3进6,车三平七;车4平6,帅四平五;车6退2,马二进三;象5退7,车七退二;马3进4,黑方虽少一象,但子力占位较好,和棋机会很大,大多数棋手都愿意采用此种变化。

23. 炮二进一,炮2平3。

24. 马七退九,车4进4。

25. 炮八进四,士5进4。

士5进4为必走之着。如车4平1吃马,炮八平五;象7进5,炮二进三;象5退7,车三进五;炮3进8,帅四进一;将5平4,车三退五;将4进1,车三平六;马二进三,炮6平5;车六平七,炮3退1;帅四退一,车1平2;马三进五,红方胜定。

26. 车三进三,士6进5。

27. 马二进三,象5进7。

红方马献象口,是为掩护左翼;黑方飞象吃马,是改进的走法。王斌对赵鑫鑫之战时,走的是车4平1吃马,以下马三进四,士5进6;相七进五,车1平2;炮八平六,车2退4;车三平四,车2平8;车四退一,红方大占优势。

28. 炮二退五,车4退4。

29. 炮二进八,象7进5。

至此,红方占先手,略优,结果红方获胜。

[小结]本局介绍的红方兵三进一邀兑三兵,系开放性下法,局面易被简化。所列的两种变化可以保持先手。

(二)兵七进一

8. 兵七进一……

进七兵邀兑是保持复杂变化的下法。

8.……炮 8 进 2。

9. 车九平六,士 4 进 5。

10. 车六进七……

红方进车下二路是常见的进攻手段,下伏车六平七或车六平八干扰黑方阵形的战术,着法含蓄。以往多走车六进五,炮 2 退 3;马三退五,炮 2 平 3;兵七进一,炮 8 平 3;车二进五,马 7 退 8;马七进六,马 8 进 7;炮八进四,前炮进 4;相七进九,后炮进 1;炮八平五,前炮平 4;马六进七,马 7 进 5;炮五进四,马 3 进 5;车六平五,炮 4 平 1,经大量兑子简化后,黑方子力灵活,足可与红方抗衡。

10.……车 1 平 3。

11. 马三退五(图 45)……

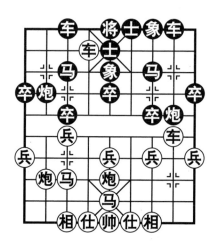

图 45

退马是新战术,意在把子力集中于左翼,以便展开攻势。

如图 45 形势下,黑方有马 3 进 4 和炮 8 退 3 两种应法,分别演示如下。

应法1:马3进4

(2008年11月19日第三届"杨官璘杯"全国象棋公开赛
专业组北京张强与上海洪智之战)

11. ……马3进4。

12. 兵七进一,车3进4。

13. 炮八退一,炮8退3。

14. 车六退二,炮8进2。

15. 车六进二,马4进3。

16. 炮八平七,车3平4。

17. 车六退三,马3退4。

18. 兵三进一,炮2进1。

19. 兵三进一,炮2平7。

20. 马七进六,炮7平8。

21. 车二平三,前炮平7。

22. 炮五平六,炮8平7。

23. 车三平五,马4退3。

黑也可改走马4退2,红如接走马六进五吃卒,则马7进5,车五进二;马2进3,炮七进二;后炮退2,黑方形势不错。

24. 相七进五,前炮平4。

25. 炮六平七(图46)。

红方平炮,错失良机,应改走马五进七,则炮4进3;炮七进六,士5进4;车五平三,炮7进1;马六退四,红方大占优势。

如图46形势下,双方呈对峙局面。后来黑方弃象寻求一搏,结果落败。

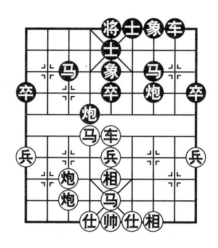

图 46

应法 2：炮 8 退 3

(2008 年 11 月 10 日全国象棋个人赛金波与方溢之战)

11. ……炮 8 退 3。

退炮打车是一种改进走法。

12. 车六退二……

在许银川与方溢的对局中,走成相同局面时,双方走的是:车六退五,卒 3 进 1;车二平七,炮 8 平 6;车七平四,炮 6 进 1;车六进三,炮 2 进 1;炮五进四,红方炮打中卒,打通卒林线,好棋! 结果红方获胜。

12. ……炮 8 进 2。

13. 车六进二,炮 8 平 6。

黑方平炮是退炮打车的后续手段,意在兑掉红方巡河车,减轻己方 7 路上的压力。

14. 车二进五,马 7 退 8。

15. 兵七进一,象 5 进 3。

16. 马七进六,象 3 退 5。

17. 马五进七,炮 6 退 2。

18. 车六退二,炮 6 进 2。

19. 车六进二,马 8 进 7。

弈至此,形成如图 47 所示的局面,黑方阵形工整,已取得令人满意的抗衡能力。结果黑方获胜。

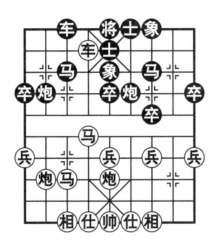

图 47

[小结]本局介绍的红方兵七进一邀兑七兵的下法较上局兵三进一相对平稳,容易形成对峙局面,子力不易交换,先手不易丢失。炮 8 退 3 的变例中,第 12 回合若改车六退二为车六退五,则较为灵活,不会被黑方升炮打车所利用。

纵观所列的两种变化,红方只要认真思考,就可在控制与纠缠中创造出可乘之机。

第七型　中炮七路马对屏风马双炮过河(一)

1. 炮二平五,马8进7。

2. 马二进三,车9平8。

3. 车一平二,马2进3。

4. 兵七进一,卒7进1。

5. 马八进七……

红方先进七路马也是一种变化,有引导黑方走成双炮过河布局的意图,双方对攻激烈。通常情况下,红方大多选择车二进六过河车的变例。

5. ……炮2进4。

6. 兵五进一……

红方冲中兵进攻,是广为采用的战法。

6. ……炮8进4(第七型图例一)。

布局至此,双方形成中炮七路马对屏风马双炮过河的基本阵势。红方有兵五进一和马七进八两种战法,分述如下。

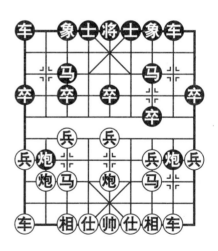

第七型图例一

(一)兵五进一

（2009 年 10 月 11 日中国象棋锦标赛陈振杰与赖罗平之战）

7. 兵五进一……

红方此着一般多走车九进一,成中炮直横车对屏风马双炮过河,以下则另具攻防变化,详见下局叙述。

7. ……士 4 进 5。

8. 兵五平六,象 3 进 5。

9. 仕六进五,车 1 平 4。

此时黑方尚有马 7 进 6 的选择,以下红方马三进五,马 6 进 7;车二进二,车 1 平 4;炮八平九,车 8 进 5,双方另有复杂攻防变化,机会均等。

10. 马三进五……

至此,形成与第 11 届世界象棋锦标赛中国特级大师赵鑫鑫对越南阮成保之战中相同的局面。国际大师陈振杰精通布局,由此可见一斑。

10. ……卒 3 进 1。

11. 兵七进一,象 5 进 3。

12. 兵六平七,车 4 进 6。

黑方虽弃一象,却换取了 4 路车的活跃,不失为灵活之招,否则黑车被封,实为不宜。

13. 马五进六,马 3 进 4。

14. 马七进八,车 4 平 7(图 48)。

图 48 所示的形势,跟赵鑫鑫与阮成保之战不同的是,黑方此手走

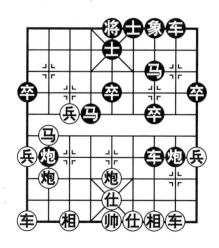

图 48

的是车 4 平 3,以下马八进六,车 3 退 2 去兵;马六进四奔槽,车 8 进 1;炮八平六,车 8 平 6(应改走炮 2 平 5,兵三进一;卒 7 进 1,马四退三;车 3 进 2,车九平八;象 7 进 5,车二进二;车 8 进 3,车二平三;车 8 平 7,马三退五;车 3 平 5,车八进九;士 5 退 4,车八退二;车 7 进 3,车八平五;士 6 进 5,炮六平三;马 7 进 6,黑方虽少双象,但车、马、炮、卒兵种齐全,足可一战),黑平车任红马腾挪极不明智,最后黑方落败。

黑方此手临阵变招,走车 4 平 7。此手曾在 2007 年全国象棋个人赛上由徐天红最早弈出。

15. 马八进六,炮 8 退 1。

黑退炮伏炮 8 平 7 叫闷的恶手及炮 8 平 1 得车的手段,为此时盘面的佳着!

16. 相七进九……

红如改走车二进二生根,则炮 8 平 7;相三进一,车 8 进 7;炮八平二,炮 7 平 5,红方不好掌控局面。

16. ……炮 8 平 7。

17. 车二平一,炮 7 进 4。

18. 车一平三,车 7 进 3。

19. 车九平七,马 7 进 6。

20. 兵七平八,象 7 进 5。

21. 炮五进五,马 6 退 5。

22. 炮八平五!

红炮平中,凶悍! 此时局面的天平已向红方倾斜,结果红胜。

[小结]本局第 7 回合红方再冲中兵的飞刀战法,改写了"红虽有一兵过河,但黑子占据要津"的传统说法。尤其是局中红弃车对攻的构思,可圈可点。

(二)马七进八

(2008 年 11 月全国象棋个人赛决赛广东吕钦与黑龙江赵国荣之战)

7. 马七进八……

红方进外肋马是冷门下法,常见下法是车九进一出横车。

7. ……象 3 进 5。

8. 车九进一,士 4 进 5。

9. 车九平九……

如改走车九平六,马 7 进 6(也可车 1 平 4,则车六进八;士 5 退 4,红右车被封,黑可满意);炮五进一,车 8 进 5;炮五平二,车 8 进 1;车二进三,炮 2 平 8,黑足可抗衡。

9. ……马 7 进 6。

10. 仕四进五,马 6 进 7。

11. 马八进七,卒 7 进 1。

12. 兵五进一，马 7 进 5。

2008 年全国象棋个人锦标赛预赛第 3 轮开滦郝继超与湖北李智平之战中弈成同样局面时，执黑棋的李大师走的是车 8 进 4，兵五平六；马 7 进 5，相三进五；卒 7 进 1，兵七进一；象 5 进 3，车七进四；车 1 平 4，双方对攻，结果红方获胜。

13. 相三进五，卒 7 进 1。

14. 马三进五，卒 5 进 1。

15. 马五进三，车 1 平 4。

16. 马七退五，马 3 进 5。

17. 马三进四，士 5 进 6。

18. 兵七进一……

红方弃兵，意在使七路车通头。

18. ……士 6 进 5。

黑方应改走象 5 进 3 吃兵。

19. 兵七平八，车 4 进 4。

20. 马四退三，车 8 进 4。

21. 车七进五，车 4 平 5。

22. 马三进五，车 8 平 5(图 49)。

黑车换双马，形成如图 49 所示的局面。至此，局势趋于平稳，终局双方战和。

[小结]在中炮七路马对屏风马双炮过河布局体系中，红方第 7 回合马七进八的冷招，未见出奇效果，只起了使局势平稳的作用，黑方可从容应对。

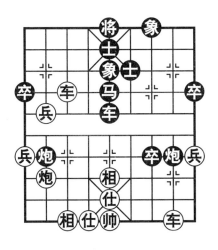

图 49

中炮七路马对屏风马双炮过河(二)

1. 炮二平五,马 8 进 7。

2. 马二进三,车 9 平 8。

3. 车一平二,马 2 进 3。

4. 兵七进一,卒 7 进 1。

5. 马八进七,炮 2 进 4。

6. 兵五进一,炮 8 进 4。

7. 车九进一……

高左横车乃传统攻法,至此,形成了中炮直横车对屏风马双炮过河的基本阵势。

7. ······炮 2 平 3。

黑平炮打相制造对攻机会,是对象 3 进 5 消极应着的改进,同时为出右直车留出空间。

8. 相七进九,车 1 平 2。

9. 车九平六(第七型图例二)。

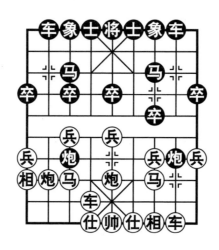

第七型图例二

至此,黑方有车 2 进 6 和炮 3 平 6 这两种应法,分述如下。

(一)车 2 进 6

(2010 年元月 4 日"联通杯"象棋邀请赛周小平与刘强之战)

9. ······车 2 进 6。

黑方挥车压境,准备弃子夺势,是一步具有战略意义的好棋。

10. 兵三进一······

红方此着一般多走车六进六,以下象 7 进 5,车六平七;士 6 进 5,仕四进五;炮 8 退 1,兵三进一;炮 8 平 5,车二进九;马 7 退 8,马三进五;卒7进1,炮五进二;卒7平6(如改走车2进1,炮五平六;炮3平4,炮六进四;车2平3,车七平五;车3平8,车五退一;卒7平6,马五进四;车8退5,炮六平八,红方主动——选自全国象棋团体赛周小平与葛维蒲之战),炮五平六;车2进1,炮六退二;车2退3,炮六进六;车2平7,黑方弃子仍有攻势,红方无趣。

10.……炮3平6。

黑也有卒7进1的下法,以下红方接着走车六进二,炮8退2;兵五进一,象7进5;马三进五,炮3平5;车六平五,车2平5;马七进五,卒7平6;车二进四,卒6进1;马五退七,卒6进1;炮五进一,此手红如改走炮五进四,虽属红方稍优,但兑子易成和棋(选自第十届"北仑杯"全国象棋大师赛四川孙浩宇与广东黄海林之战)。

11. 兵三进一,炮6进1。

12. 马三进四,炮8平7。

如改走炮8平6,则车二进九;马7退8,马四进五;马3进5,炮五进四;前炮平2,车六进六;将5进1,兵五进一;车2平3,马七进五;炮2进2,帅五进一,双方形成混战,各有千秋。

13. 车二进九,马7退8。

14. 兵五进一(图50)……

红进中兵,如图50所示,意在出其不意。一般多走车六进六或马四进五,均具复杂变化,网战中常出现。试举例如下:

①车六进六,炮6平3;炮五进四,炮7平5;相九退七,炮5退3;马四进五,车2进1;马五进七,士4进5;车六退五,车2退5;马七进五,士6进5;车六平七,车2进2;车七平三,象7进5;兵三进一,马8进6,各有千秋。

②马四进五,马3进5;炮五进四,车2进1;马七进六,炮6平1;

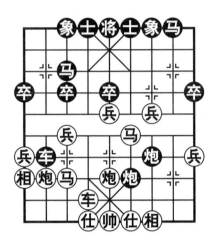

图 50

炮五退一,炮 7 平 3;马六进五,士 6 进 5;车六平七,车 2 退 1;马五进四,象 3 进 5;马四进二,炮 3 平 1;马二退三,双方互抢先手。

14. ……炮 6 平 3。

15. 马四进六,士 6 进 5。

16. 相九退七,卒 5 进 1。

17. 马六进七,象 7 进 5。

18. 车六平二,马 8 进 6。

19. 仕六进五,炮 7 平 5。

至此,黑方占优势,结果获胜。

[小结]中炮直横车对屏风马双炮过河这一开放型布局,对于势在搏杀的双方来说,可谓风险与机遇并存。临枰对阵,布局准备得充分与否,对于旗鼓相当的高手来说,尤显重要。

(二)炮 3 平 6

(2009 年 6 月 16 日"蔡伦竹海杯"全国象棋精英邀请赛
四川孙浩宇与北京蒋川之战)

9. ……炮 3 平 6。

黑方平炮过宫,伏炮 6 进 1 串打的手段,与上例车 2 进 6 相比,更富有挑战性。

10. 车六进六……

此处近年流行的另一种下法是兵五进一,以下黑方士 6 进 5 或炮 6 进 1,双方形成纠缠之势,另有攻防变化。

10. ……象 3 进 5。

一般炮 6 进 1 较为常见,以下红如接走车六平三(如兵五进一,士 4 进 5;车六平七,马 7 进 6;车二进一,炮 8 退 1,呈对攻之势,黑方机会不错),黑则象 3 进 5;炮五进一,车 2 进 7;车二进三,车 8 进 6;炮五平二,车 2 平 3;炮二进六,将 5 进 1,双方虽形成互有顾忌的局面,但黑方可满意。

11. 兵五进一……

红如直接走车六平七吃马,黑有炮 6 进 1 先弃后取的手段,红方无趣。

11. ……卒 5 进 1。

黑如改走炮 6 退 4,兵五进一;炮 6 平 4,兵五进一;士 4 进 5,兵五平六;士 5 进 4,车二进一,形成互有顾忌的局面,红方机会稍多。

12. 车六平七,炮 6 进 1。

13. 马七进八……

红方通过弃还一子将左马投入战斗,此着是兵五进一的后续手段。

13. ……炮 6 平 2。

14. 马八进七,车 2 进 6。

黑车过河,新招。以往多走士 6 进 5,以下红方炮五进五,象 7 进 5(如将 5 平 6,炮五平四,亦属红方易走);马七进五,马 7 退 9;马五进三,将 5 平 6;车七平一,马 9 退 7;车一平三,红方机会较多。

15. 马七退五……

如改走马七进五,象 7 进 5;车七平五,士 4 进 5;车五退二,炮 2 平 7;车二进三,车 8 进 6;车五平八,形成互有顾忌的局面。

15. ……士 6 进 5。

16. 车七退一,车 2 平 5。

黑车平中"献捉",巧手! 化解了红方的攻势。

17. 车二进三,车 5 进 1。

18. 相三进五,车 8 进 6。

19. 马三进五,车 8 平 7。

20. 后马进六(图 51)。

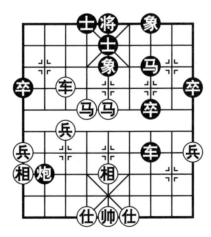

图 51

如图 51 形势下,红方车和双马难以构成威胁,因以下黑可车 7 平 2 守住要道,黑方开局已获成功。后因红方白送边兵而败北。

[小结]本布局中黑方第 9 回合炮 3 平 6 的下法伏有串打手段,富于挑战性。与上一变例黑车 2 进 6 相比,由空间上的压制转为直接反击,使局面更趋尖锐,对攻异常激烈,因此,对双方着法的准确性要求甚为严格,往往会因为一着之差,而导致失先、失势,故大赛中用此招式者明显减少。

第八型　中炮七路马对屏风马

1. 炮二平五, 马 8 进 7。

2. 马二进三, 车 9 平 8。

3. 车一平二, 马 2 进 3。

4. 兵七进一, 卒 7 进 1。

5. 马八进七(第八型图例)。

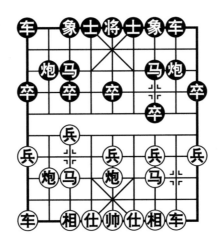

第八型图例

这手上马一改常见的车二进六过河车走法。因为从近年来全国象棋专业和业余大赛的情况来看,进车于卒林线较难控制局势,故约定俗成的过河车走法受到置疑。

至此,如第八型图例形势,黑方除了上节中右炮过河的应着外,还有象3进5和炮8进2两种战法,现分述如下。

(一)象3进5

(2010年4月24日全国象棋锦标赛女子团体赛
第3轮安徽梅娜与云南赵冠芳之战)

5. ……象3进5。

6. 车二进六,炮8平9。

黑如改走马7进6,形成中炮过河车对屏风马左马盘河的基本阵势,则另具攻防变化。

7. 车二平三,车8进2。

黑升车保马,可伺机用右炮进行反击,至此,形成了发展已久的流行阵势。

8. 马七进六,炮2进4。

黑炮过河设下圈套,以下红如接走兵三进一,则炮2退1,红方跌入陷阱,黑方占优!此手黑如改走炮2退1,红则炮八进四,探炮打卒,稳步进取,可获多兵优势。

9. 马六进四,车1进1。

10. 炮八平六,车1平6。

11. 车九平八,炮2平3。

12. 车八进三,车6进3。

13. 车八平七,士6进5。

14. 兵五进一,炮9退1。

15. 兵五进一,卒5进1。

黑如改走车6平5,则马三进五;车5平2,车七平六;炮9平7,车三平四,以下红有车四进二或马五进六的先手,红方占优。

16. 车三平七,马3退1。

17. 炮六平八,马1退3。

18. 后车平五,马7进8。

19. 车七平一,象7进9。

20. 车一平七……

此处红改走车一平五较好,以下黑如接走马8进9,则马三进一;炮9进5,后车进二;车6平5,车五退一;象9退7,炮八进七,红方占优势。黑如走马3进4,则炮五进三;马4进5,后车进二;车6平5,车五退一,下伏沉底炮剿士的凶着,红亦占优。

20. ……马8进9。

21. 仕六进五,马9进7。

22. 炮八平三,象9退7。

23. 炮五进三,马3进4。

24. 车七平六,炮9进3。

25. 炮三平五(图52)。

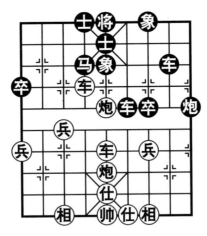

图 52

至此,形成如图52所示的局面,红方多兵占优,但中炮被牵,终局双方战和。

[小结]本布局第9回合中,针对黑方横车攻马的意图,红方以平炮士角应对,可减少黑方的反扑机会,并在对峙局面中略占优势。

(二)炮8进2

(2010年4月26日全国象棋锦标赛女子团体赛第5轮
安徽梅娜与浙江金海英之战)

5. ······炮8进2。

黑左炮巡河,形成“河头堡垒”的冷门布局,意在出奇制胜。

6. 马七进六,炮2退1。

7. 车二进一······

正着! 如误走车二进四巡河,则黑有炮2进4“丝线拴牛”的凶着,红方难以应付。

7. ······炮2平8。

8. 车二平四,车1平2。

黑方看似抢先,实为不经意的败棋。应改走象7进5固防,以下红如接走车九平八,则车1平2;炮八进四,卒3进1;炮五平七,马3进4;兵七进一,象5进3,黑方可以满意。

9. 车四进六(图53)······

如图53形势下,红方进车捉双马,对抢先手,为入局佳着! 顿令黑方左右为难。

9. ······车2进7。

10. 车四平三,卒7进1。

黑方挺卒弃马,无奈之举。如改走象7进5,则车三平二捉死炮,

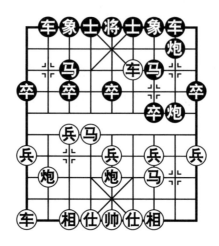

图 53

并拴住黑方无根车、炮,黑方局面不堪收拾。

11. 车三平七,象 7 进 5。

黑方飞象属无奈,因红有炮五进四空头炮的凶招。

12. 车九进一……

红方火速出动主力,战法积极！如改走兵三进一,则后炮平 7;以下红如接走马三退五,则炮 8 进 5,红方右翼空虚,局势难控。

12. ……卒 7 进 1。

13. 马三退一,士 6 进 5。

14. 车九平四,前炮平 5。

黑方此手为软着。应改走后炮平 7,以攻带守方是上策。以下红如炮五进四,则炮 8 进 4;炮五平三,卒 7 平 6;炮三平五,车 2 平 7,黑方呈胜势。红如走车四平二,则炮 7 进 8;仕四进五,炮 7 平 9;马六进四,车 2 退 3;马四退二(如马四进三,车 8 进 2;马三退二,车 2 平 8;车二进四,车 8 进 2,黑方三子归边占优势),车 2 平 7,黑方占优势。

15. 车四平二……

红方此手牵制黑方无根车、炮,佳着!

15. ……炮 8 进 6。

16. 马六进五,炮 5 进 3。

17. 相七进五……

红应改走相三进五较为精准。

17. ……车 2 退 1。

18. 车七退一,车 2 平 5。

19. 马五进三,车 8 进 2。

20. 车七平一,车 8 平 7。

21. 车二进一,车 7 平 6。

22. 相三进一(图 54)……

如图 54 形势下,红方这手飞边相是为一路马谋出路之举,也是第 17 回合飞左相的后续手段。

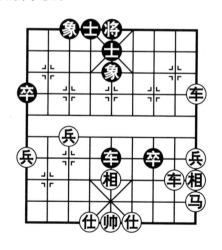

图 54

22. ……车 5 平 1。

黑应改走卒 7 平 8,利用卒可长提的规则,迫红方变着而丢中相,这样尚有纠缠谋和的机会。现随手杀兵,错失良机,结果红胜。

　　[小结]黑方进炮巡河,是一种冷门布局。在第8回合中,黑方改飞左象,稳固了阵形,并与红方形成抗衡之势。

第九型　中炮进七兵对反宫马(一)

1. 炮二平五,马2进3。

2. 马二进三,炮8平6。

3. 车一平二,马8进7。

4. 兵七进一,炮2平1。

黑方平边炮,加快右翼出子速度,是近年来较为流行的着法,旨在避开俗套,在新的领域进行较量,为许银川特级大师所喜用。这一着法丰富了反宫马的布局内容。

至此,如第九型图例一所示,红方有炮八进四和炮八平七两种攻法,现分述如下。

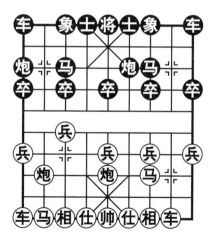

第九型图例一

(一)炮八进四

（2008年11月11日全国象棋个人锦标赛山西周小平与广东许银川之战）

5. 炮八进四……

红进炮抢中卒,企图封锁黑方右车,着法积极,但略嫌急躁。应改走炮八平七,可保持先手,详见下局。

5. ……车1平2。

黑方弃空头炮,有胆识,为抢先之着。

6. 炮八平五,马3进5。

7. 炮五进四,车2进8(图55)。

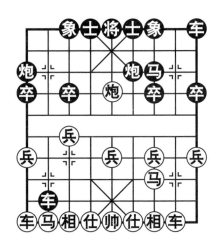

图55

如图55形势下,黑方进车压马是改进后的着法,张江和洪智在2005年象棋个人赛时曾走车2进7,车九进二;车2进2,车九平六,红方弃子后攻势强大,最终获胜。

8. 车二进五,炮6进2。

黑方升炮巧妙！是进车压马的后续手段。

9. 炮五退二······

红方退炮求战，看似必然。稳健者可走车二平四，马 7 进 5；车四平五，象 3 进 5；车五进一，车 9 进 1，以后黑方追回一子，易成和局。

9. ······炮 6 平 1。

10. 车二平五，马 7 进 5。

黑方弃马绝妙！也是此路变化的精华所在。

11. 车五平八，马 5 进 7。

12. 车八退四，前炮进 5。

13. 相三进五，车 9 平 8。

14. 炮五平六······

红方如改走兵三进一，则马 7 进 5；兵五进一，后炮平 5；仕四进五，车 8 进 7；马三退四，车 8 退 1，黑方占据主动。

14. ······马 7 退 5。

15. 炮六平五，马 5 进 7。

16. 炮五平六，后炮平 5。

17. 车八平七，车 8 进 7。

18. 炮六退二，马 7 进 8。

此时黑方可考虑走车 8 退 2，红则马八进七；车 8 平 3，兵三进一；车 3 平 7，车七平五；车 7 进 1，车五平九；马 7 进 8，黑方占优势。

19. 马八进七，炮 5 平 9。

20. 车七平三，卒 7 进 1。

21. 兵三进一，炮 9 平 7。

22. 车三平九，卒 7 进 1。

23. 车九退一，炮 7 进 5。

至此,黑方占位较佳,有卒过河,占优势,结果黑方获胜。

[小结]此布局中,黑方弃空头炮抢先,有胆有识;继压马、车新招之后,第8回合升炮和第10回合弃马,弈来精妙异常。红若再用此阵,应小心为宜。在此情形下,不如另辟蹊径为妙。

(二)炮八平七

(2009年4月10日全国象棋团体赛湖南孟辰与山东张江之战)

5. 炮八平七……

红方平七路炮是改进后的下法。在2008年第三届"杨官璘杯"全国象棋公开赛专业组的比赛中,赵鑫鑫对张江之战也下成了相同局面,当时走的是炮八平六,车1平2;马八进七,卒7进1;马七进六,士6进5;车九进二,车9平8;车二进九,马7退8;炮六平七,象3进5;炮七进四,马8进7;马六进五,马7进6;炮七平一,车2进8;兵五进一,马6进7;兵五进一,马3进2;车九平六,炮1进4;马五进三,马2进3;炮一进三,红方有攻势,最后获胜。

5. ……象3进5。

6. 兵三进一……

红方此时进兵嫌缓。应改走炮七进四,黑如接着走车1平2,红则马八进七;卒7进1,车二进六;车9平8,车二平三;车8进2,以下红或车九进一出动大子,或兵五进一发动中路进攻,这样阵形舒展、易走。

6. ……车1平2。

7. 马八进九,车9进1。

8. 炮七进四,车9平4。

9. 炮五平七,炮 1 进 4。

10. 马九退七(图 56)……

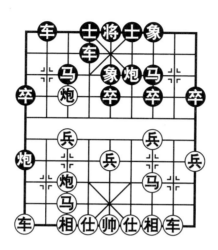

图 56

如图 56 形势下,红方退马捉炮,已暴露出阵形的致命弱点,但也是无奈的选择。如改走车九平八,黑车 2 进 9;马九退八,炮 1 进 3;相三进五,车 4 进 7,红方阵形的问题更多。

10. ……炮 1 退 2。

11. 马七进五,车 2 进 5。

黑车骑河,因势制宜,打击红方薄弱环节,是有力之着!

12. 车九进三,车 2 平 3。

13. 车九平七……

红方如改走马五进七打车,黑则车 3 平 2;以下伏有车 4 进 5 牵制的手段,红方子力难以调整,处境尴尬。

13. ……车 3 平 7。

14. 车二进六,车 4 进 2。

15. 相三进一,车 7 退 1。

16. 马三进四,车7平6。

17. 马四退三,卒7进1。

18. 兵五进一,士4进5。

19. 仕四进五,车6平2。

20. 车二平三,马7退8。

21. 车三平一……

红方随手扫卒,对左翼的危险性估计不足。应改走相一退三,黑如炮1进5,红则马五进四;车4进5,后炮平六;马8进9,车三进一;车2进5,相三进五,红方可以应付。

21. ……炮1进5。

22. 马三进四,卒1进1。

23. 后炮平六,车2退1。

24. 炮六平七,车2进1。

25. 后炮平六,车2退1。

26. 炮六平七,车4进5。

黑方通过巧妙的顿挫,令红方门户顿开。这手进车点穴,切中红方要害。

27. 马四进五,车2进6。

28. 车七平九,马3进5。

29. 车一平五,象5进3。

30. 后炮平六,炮6平3。

至此,黑方平炮,准备"双杯献酒";红方疲于奔命,结果落败。

[小结]红方炮八平七是顺应大局、因势制宜的冷静攻着,若第6回合改走炮七进四,则完全可以取得布局上的成功。

中炮进七兵对反宫马(二)

1. 炮二平五,马2进3。

2. 马二进三,炮8平6。

3. 车一平二,马8进7。

4. 兵七进一,卒7进1。

5. 炮八进四,……

　　如第九型图例二,红进七兵后再左炮过河,是目前流行的布局变例,值得重视和研究。

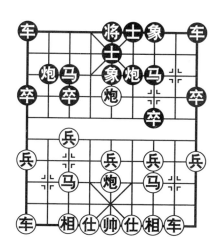

第九型图例二

5. ……象3进5。

6. 马八进七……

红如急于走炮八平五,黑则马 3 进 5;炮五进四,士 6 进 5;马八进七,卒 3 进 1;兵七进一,车 1 平 3,黑右车出动快速,且右翼无忧,较为有利。

6. ⋯⋯士 4 进 5。

7. 炮八平五(图 57)⋯⋯

如图 57 形势下,黑方主要有炮 6 进 5、马 3 进 5 和卒 3 进 1 三种走法,现分述如下。

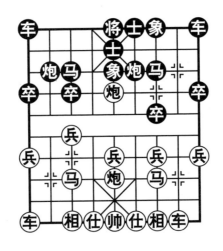

图 57

(一)炮 6 进 5

(2008 年 11 月 16 日第三届"杨官璘杯"全国象棋公开赛
专业组湖北柳大华与黑龙江陶汉明之战)

7. ⋯⋯炮 6 进 5。

8. 马七进六,车 1 平 4。

9. 前炮平九,车 4 进 5。

10. 车九平八,炮 2 进 4。

黑如改走炮2进5,红则炮九进三;炮2平3,兵五进一;车9平8,车二进九;马7退8,仕四进五;炮6退1,马三进五;车4进1,兵五进一;炮6平9,马五进六;车4平2,马六进七,红方弃车而踩马,伏有黑若车2进3吃车,则兵五平六再马七进八的绝杀手段,红方大优,结果获胜(选自2008年第6届"威凯房地产杯"全国象棋排名赛靳玉砚与杨德琪之战)。

11. 车八进三,马3进1。

12. 车八进三,车9平8。

13. 车二进九,马7退8。

14. 车八平九,车4平3。

15. 兵五进一,炮6退4。

16. 车九进三,士5退4。

17. 兵五进一,车3平5。

18. 车九退四(图58)。

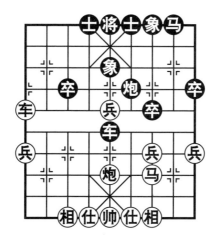

图58

至此,形成如图 58 所示的局面,红方有中兵渡河助战,占优,结果红方获胜。

[小结]此布局第 7 回合中,黑方炮 6 进 5 串打,接受弃子,争夺激烈。对局资料显示,红方弃子取势,机会较多。

(二)马 3 进 5

(2008 年 11 月全国象棋个人赛杨德琪与董旭彬之战)

7. ……马 3 进 5。

黑马换炮后局势平稳,易弈成和局。

8. 炮五进四,车 1 平 3。

9. 车九平八,卒 3 进 1。

10. 兵七进一,车 3 进 4。

11. 马三退五……

红如改走马七进六,黑则车 3 平 4;马六退五,车 4 退 1;炮五退一,车 9 平 8;车二进九,马 7 退 8,黑方可与红方抗衡。

11. ……车 9 进 2。

黑方亦可走马 7 进 6 盘河,以下车八进六,车 3 进 2;炮五退一,车 9 进 2(如马 6 进 5,车二进二,红方易走);车二进六,马 6 进 7;车八平九,炮 2 平 3,黑方亦可抗衡。

12. 马七进六……

红可改走车八进六,这样较易保持先手。

12. ……,车 3 平 4。

13. 马五进七,车 9 平 8。

黑出车邀兑,力求简化局势,正着!

14. 车二进七,炮 6 平 8。

15. 炮五退二,马 7 进 5。

16. 车八进五,车 4 平 2。

17. 马六进八,马 5 进 3。

18. 炮五平七,炮 8 平 9(图 59)。

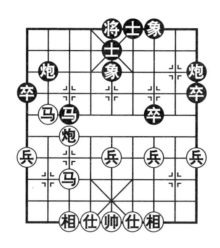

图 59

至此,形成如图 59 所示形势,双方走成无车棋,局势平稳,结果弈和。

[小结]本局中,黑以马换炮,贯彻求稳的初衷,取得与红方抗衡的局面。其中第 12 回合,红若改马七进六为八路车占卒林线,则更易保持先手,应引起注意。

(三)卒 3 进 1

(2007 年全国象棋个人赛赵剑与孙庆利之战)

7. ······卒 3 进 1。

8. 兵七进一,马 3 进 5。

9. 炮五进四,车 1 平 3。

10. 炮五平七……

红平炮挡车,利于阵形调整,是新变招。如改走车九平八,车 3 进 4;马三退五,车 9 平 8;车二进九,马 7 退 8;马七进六,马 8 进 7;马五进七,炮 2 平 4;车八进九,炮 4 退 2;车八退四,车 3 平 2;马六进八,炮 6 进 4;炮五平三,炮 6 平 9;马八进六,炮 4 进 2;炮三平九,红略占优势。

10. ……象 5 进 3。

11. 车二进六,车 9 平 8。

12. 车二平三,车 8 进 7。

13. 马三退五,象 3 退 5。

14. 马七进六,炮 6 退 1。

15. 车九平八,炮 2 平 4。

16. 相七进五,车 8 平 6。

17. 马五进七(图 60)……

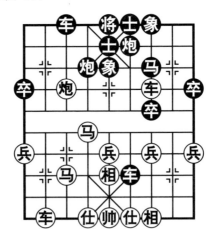

图 60

112

至此,形成如图 60 所示的局面,红方双马连环,各子占位俱佳,控制了局面,稳占先手,取得了令人满意的布局,结果获胜。

[小结]此布局中,黑弃 3 卒接出象位车的战法,遭到红方平炮挡车之新招阻击,红方右马曲线由左翼跃出,结成连环,攻守两利,掌控了局势,可圈可点。因此,黑方的布局不是理想方案。

中炮进七兵对反宫马(三)

1. 炮二平五,马 2 进 3。

2. 马二进三,炮 8 平 6。

3. 车一平二,马 8 进 7。

4. 兵七进一,卒 7 进 1。

5. 炮八平六……

红炮平士角,布成攻守兼备的五六炮阵势。

5. ……车 1 平 2。

黑方此时亦可改走炮 2 进 6 压马,红则车九进二;车 1 平 2,车九平八;车 2 进 7,炮五平八;车 9 平 8,车二进九;马 7 退 8,形成无车残棋,黑方可以满意。

6. 马八进七,炮 2 平 1。

7. 马七进六,士 6 进 5。

至此,如第九型图例三,红方有车九进二和车二进六两种攻法,现分述如下。

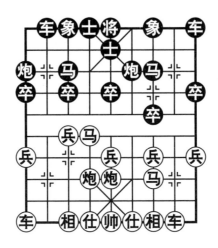

第九型图例三

（一）车九进二

8. 车九进二,车 9 平 8。

至此,形成五六炮正马进七兵对反宫马进 7 卒的流行布局。红方提车是针对黑方补左士的含蓄、有力的下法,如改走车二进六,则见下局所述。黑方出车邀兑,亦属正着。兑车虽亏一步棋,但简化了局面,着重中残局的较量,符合反宫马的战略初衷,近年来甚为流行。黑另有象 7 进 5 的下法,以下车二进六,车 9 平 7;车二平三,马 7 退 9;车三平一,马 9 进 7;车一平三,马 7 退 9;车三进三,马 9 退 7;炮六平七,车 2 进 5;马六进七,车 2 平 3;炮五退一,炮 6 进 5;炮五平七,炮 6 平 1;后炮进三,前炮平 7;前炮进三,炮 1 进 4;后炮平五,炮 1 平 7;相三进一,前炮平 8;炮五进四,通过交换,步入残局。红方多中兵,仍属红先(参考 2008 年第三届"杨官璘杯"全国象棋公开赛专业组浙江赵鑫鑫与广东许银川之实战)。

9. 车二进九,马 7 退 8。

10. 炮六平七,车 2 进 4。

11. 马六进七,象 7 进 5(图 61)。

如图 61 形势下,红方有车九平八和炮五退一的两种战法,现分演
如下。

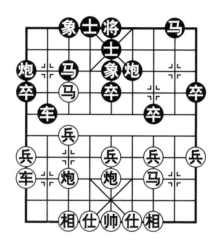

图 61

A. 车九平八

(2010 年 2 月 17 日顺德棋王争霸赛浙江于幼华与江苏徐天红之战)

12. 车九平八⋯⋯

红方兑车,则局势趋于缓和。宜改走炮五退一保持变化,详见下
局介绍。

12. ⋯⋯车 2 进 3。

13. 炮五平八,炮 1 进 4。

14. 相三进五,马8进7。

15. 马七退六,马3进4。

16. 兵三进一,卒7进1。

17. 相五进三,马7进8。

18. 马六进四,炮1平3。

19. 炮七平五,马8进6。

黑可考虑马4退6,红如接着走马四进二,黑则炮6平7;相三退一,炮7进4,局面好于实战。

20. 马三进四,炮6进3。

21. 炮五进四……

红方轰中兵略嫌急躁。宜改走炮八进一保兵后,再伺机而动。

21. ……马4进5(图62)。

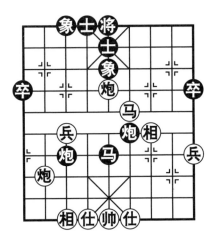

图62

如图62形势下,双方子力均等,和势已浓,试演如下:炮五退二,马5进4;炮八进二,马4退6;帅五进一,马6退5;炮八平五,将5平6;马四进三,将6平5;马三退一,炮6平3,和棋。

本局因红续走马四进二这一漏着而败北。

B. 炮五退一

（2008 年 11 月全国象棋个人赛洪智与王跃飞之战）

12. 炮五退一，马 8 进 7。

13. 炮五平七，马 7 进 6（图 63）。

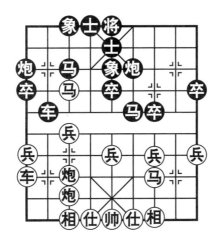

图 63

如图 63 形势下，黑方的这手左马盘河是大漏着，致使失子。如改走炮 1 退 1，则马七退六；车 2 平 4，马六退五；黑方 3 路有压力，较难处理。网络战中黑方走车 2 退 1，马七退六；马 3 退 1，相七进五；车 2 平 4，马六进七；车 4 进 5，后炮退一；马 7 进 6，形成双方对峙局面。

14. 马七进九，车 2 退 2。

15. 马九进八。

红妙手得子，黑方认负。

[小结]本变例列举了红方的两种走法：A. 车九平八兑车，局势简

化,趋于平稳,易成和棋;B.退炮保持变化,给黑3路施压,红方可持先手,机会较多。

(二)车二进六

8. 车二进六(图64)······

红方进车过河,准备平车压马展开攻击,较车九进二更为积极、有力。如图64形势下,黑方有车9平8和象7进5两种应法,演示如下。

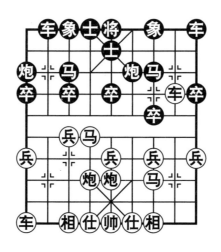

图 64

A. 车 9 平 8

(2008 年 7 月 26 日张申宏与蒋川之战)

8. ······车 9 平 8。

9. 车二平三,炮 6 退 1。

10. 马六进七,车 2 进 3。

11. 兵七进一,炮 6 平 7。

12. 车三平四,炮 1 退 1。

13. 马七退五,车 2 进 2。

14. 炮六平七,卒 7 进 1。

以上是流行的经典战术,红方平炮打马与黑方冲 7 卒渡河,最早为徐天红和李来群这两位特级大师所创。

15. 炮七进五……

红如改走兵三进一,黑则卒 5 进 1;炮七进五,车 2 平 7;炮五进三,象 7 进 5;车九进二,马 7 进 8,黑有反先之势。

15. ……卒 7 进 1。

16. 马五退七……

此手为改进之新着,一般多走马三退五,马 7 进 8;车四退一,车 2 平 6;车四退一,马 8 进 6;前马退三,车 8 进 4;车九进二,车 8 平 7;相三进一,双方各有千秋(选自郑祥福与林宏敏之实战)。

16. ……卒 7 进 1。

17. 炮五平七,马 7 进 8。

18. 车四平三,马 8 进 6。

19. 车三退二,车 8 进 8。

黑进车点穴,精妙! 红方阵形顿时溃散。

20. 仕四进五……

红如改走相三进五,黑则马 6 进 4;马七退六,车 2 平 7;相五进三,车 8 退 2,黑占优势。

20. ……马 6 进 4。

21. 车九进一,卒 7 平 6。

黑卒乘势逼宫,红方帅府告急!

22. 兵七平八,象 7 进 5。

23. 车九平六,车 8 进 1。

24. 车六进二,炮 7 进 8。

25. 仕五进四……

红方无奈,否则黑卒 6 进 1 成绝杀。

25. ……炮 7 退 3。

26. 帅五进一,炮 7 平 4(图 65)。

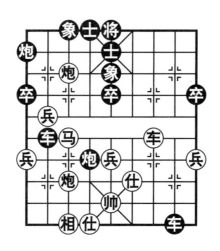

图 65

至此,形成如图 65 所示的局面,黑方大占优势,结果获胜。

B. 象 7 进 5

(2008 年 11 月第 3 届"杨官璘杯"全国象棋公开赛专业组
北京蒋川与黑龙江陶汉明之战)

8. ……象 7 进 5。

黑方飞左象巩固中路,同时对左马留有象位车的保护,是一种含

120

蓄、待变的下法。

9. 车九进二,车 9 平 7。

10. 车二平三,马 7 退 6。

黑也可走马 7 退 9,车三平一;马 9 进 7,车一平三;马 7 退 9,兑车后黑方马位较好。

11. 车三进三,象 5 退 7。

12. 炮六平七……

红平炮胁马,保持变化。如改走马六进五,马 3 进 5;炮五进四,象 7 进 5,局势趋于简化。

12. ……象 7 进 5。

13. 车九平八……

红方主动邀兑车是因为马、炮位置好于黑方。

13. ……车 2 进 7。

14. 炮五平八,马 6 进 7。

15. 炮七进四,炮 1 进 4。

16. 兵七进一,卒 1 进 1。

17. 炮八进五……

红方进炮管制了 3 路黑马,旨在通过对黑方右翼的封锁、压制,掌握主动权,乃局部好手。

17. ……炮 1 平 7。

18. 相三进五,卒 1 进 1。

19. 仕四进五,炮 6 退 1。

20. 炮七平六,炮 6 平 9。

21. 兵七进一,马 3 退 2。

22. 炮八平三,……

红炮兑马,以利谋卒,走法简明、实用。

22. ……,炮7退4。

23. 马三进四(图66)。

至此,形成如图66所示的局面,红方双马、炮占位极佳,占有攻势,得子后获胜。

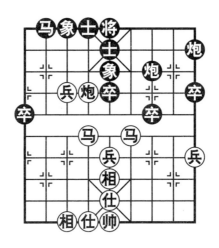

图66

[小结]本变例列举了黑方的两种应法:A应法中,红方为第16回合的改进新招付出了巨大代价,若重演此变,请谨慎;B应法中,黑方补左象稳健有余,反击不足,致使红方机会较多。

第十型　中炮进三兵对反宫马

1. 炮二平五,马 2 进 3。

2. 马二进三,炮 8 平 6。

3. 车一平二,马 8 进 7。

4. 兵三进一……

红方先进三兵,意在防止黑方左马跃踞河头,构成"肋炮盘河马"的理想阵势,合乎棋理。它是实战中最为流行的一路变化,发展前景看好。

4. ……卒 3 进 1。

黑方进 3 卒,彼此消长,为常用战术,乃定式着法。

5. 马八进九(第十型图例)。

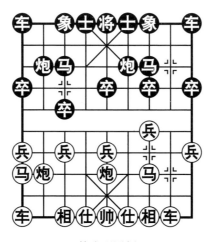

第十型图例

至此,形成第十型图例所示的局面,黑方有象 3 进 5 和象 7 进 5 两种选择,现分述如下。

(一)象 3 进 5

(2009 年 10 月 7 日第二届"坪山杯"中国象棋公开赛

山西周小平与广东黎德志之战)

5. ……象 3 进 5。

黑飞右象的构思是:下步走车 9 进 1,再横车过宫,形成左柔右刚的阵势。近年来,最为流行的走法是象 7 进 5 飞左象,详见下局所述。

6. 炮八平七……

红方布成五七炮进三兵对反宫马飞右象的基本阵势。红方针对黑飞右象,也可改走左炮过河的攻法,演示如下:炮八进四,卒 7 进 1;兵三进一,象 5 进 7;炮八平七,马 7 进 6;车九平八,炮 2 平 1;车八进六,卒 1 进 1;车二进六,士 4 进 5;车二平四,马 6 进 4;马三进四,车 1 平 4,形成双方互缠局面。

6. ……车 9 进 1。

7. 车九平八,车 1 平 2。

8. 车八进四,车 9 平 4。

9. 仕四进五,士 4 进 5。

10. 兵九进一,炮 2 平 1。

11. 车八进五,马 3 退 2。

12. 车二进六……

红方此手以往多走炮五进四,炮 6 进 7;帅五平四,马 7 进 5;兵五进一,车 4 进 4;兵五进一,马 5 退 3;车二进三,车 4 平 7;相三进五,车 7 平 5;车二平五,车 5 进 1;马三进五,红方略占优势。

12. ······炮 6 进 4。

黑方不如改走车 4 进 4，车二平三；炮 6 退 1，黑势不弱。

13. 车二退三（图 67）······

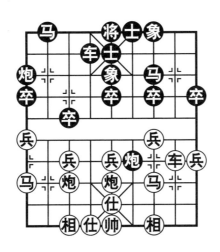

图 67

　　如图 67 形势下，红方退车捉炮看似先手，实为缓着，与车二进六相矛盾。应改走马三进二，坚持打通黑方的卒林线，方符合原来的战略意图。以下伏兵三进一的先手，黑若续走炮 6 平 7，红则有马二退一的巧手，红方足可满意。

13. ······炮 6 退 2。

14. 车二平四，炮 6 平 8。

15. 车四进一，马 2 进 3。

16. 车四平八，马 3 进 2。

　　以上红方连续五步走车，致使步数亏损；黑方趁机出动大子，已取得布局的成功。

17. 兵三进一······

红方送兵是败招，使局势进一步落入下风。

17. ……卒 3 进 1。

18. 车八平七,卒 7 进 1(图 68)。

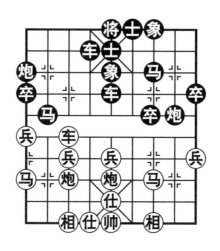

图 68

至此,形成如图 68 所示的局面,黑方阵形巩固且子力位置较好,取得反先局面,结果获胜。

[小结]本局中,黑右象左横车应对红方五七炮较具弹性。红方第 12 回合车二进六的攻法,未能抓住黑方炮 6 进 4 的软手,致使连续走车,影响步数,因而落入下风。若改走车二进六为炮五进四取中卒,则可稳住略优的局面。

（二）象 7 进 5

5. ……象 7 进 5。

黑飞左象,使两翼子力均衡发展,攻守兼备,局面更具弹性。这一应法是在"飞右象型"的基础上发展起来的。

6. 炮八平七,车1平2。

7. 车九平八,炮2进4(图69)。

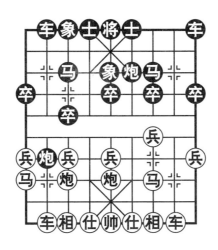

图 69

以上形成五七炮进三兵双直车对反宫马进3卒左象的布局阵势,如图 69 所示。此时红方有兵七进一和兵九进一两种战法,现分演如下。

A. 兵七进一

（2008 年 11 月 6 日全国象棋个人赛陕西李景林与广东许银川之战）

8. 兵七进一……

红献七兵,准备演绎成著名的"双弃兵"变例。

8. ……卒 3 进 1。

9. 兵三进一,卒 7 进 1。

黑如改走车 9 平 8 出车邀兑,则兵三进一;车 8 进 9,马三退二;马 7 退 8,车八进一;马 3 进 4,马二进三,红方占主动地位。

10. 车二进四……

至此,形成五七炮进三兵对反宫马进3卒中的"双弃兵"变例。

10. ……炮2平3。

黑平炮兑车胁相,紧着。如改走卒3平2,则兵九进一;炮6进4,车二平八;车2进5,马九进八;炮6平7,马八进七,对攻中红方易占主动地位。

11. 车八进九,炮3进3。

12. 仕六进五,马3退2。

13. 炮五进四,士6进5。

14. 炮五退一,马2进3。

15. 车二平四……

在全国象棋甲级联赛中,上海葛维蒲与四川蒋全胜的对局下到这一局面时,红方走的是相三进五捉炮,以下卒3进1,马九进七;炮3退3,车二平七;将5平6,车七退一;马3进2,车七平八;马2进4,车八平六;马4进6,兵五进一;马6进7,帅五平六;车9平8,炮七退一;前马退9,炮五进一;卒7进1,相五进三;马9进8,红方稍占优势。

15. ……车9平6。

16. 相三进五,卒3进1。

17. 马九进七,炮3退3。

18. 车四平七,车6平8。

黑如改走马3进5,则车七进五杀象(如车七退一吃炮,则炮6进6;炮七平八,车6进4;兵五进一,将5平6,黑方可满意),红方弃子取势,形成双方互有顾忌的局面。

19. 车七退一,马3进5。

20. 兵五进一,车8进3(图70)。

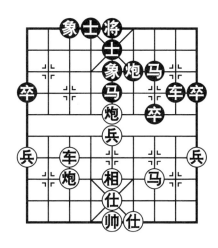

图 70

21. 炮五平六……

如图 70 所示，红卸中炮，黑方乘机将马走活。红方此手为软着。应改走车七进三拴住黑方车、马，黑如接着走炮 6 进 1，则车七进一，红方伏有炮轰底象和炮打中象的攻击手段，红方占主动。

21. ……马 5 进 4。

22. 车七平六，马 4 退 2。

23. 兵五进一，车 8 平 3。

24. 炮七平六，车 3 进 3。

黑方逼红方兑车后，稳占多象之优，结果获胜。

B. 兵九进一

（2008 年 11 月全国象棋个人赛江苏徐天红与湖北李望祥之战）

8. 兵九进一……

红方挺边兵属缓攻战法，变化相对平稳，徐大师曾多次运用。

8. ……士 6 进 5。

9. 兵五进一，车 9 平 6。

黑方如改走车 9 平 8，则车二进九；马 7 退 8，车八进一，红方占主动地位。

10. 炮五平四……

红平炮打车，着法强硬，是最为流行的变化。此时红若习惯性地补仕，黑车 6 平 8 兑车，这样红八路车难以右调，黑方可以满意。

10. ……车 6 平 7（图 71）。

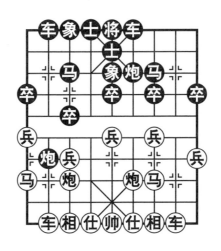

图 71

如图 71 形势下，黑平车避让，使局面缓和。黑另有炮 6 进 7 打仕的下法，以下相三进五，炮 6 平 4；帅五平六，马 3 进 4；帅六平五（如车二进七，马 4 进 5；车二平三，马 5 进 7；车三平二，马 7 退 9，黑有攻势）马 4 进 5；马三进二，马 5 进 3；炮四平七，车 6 进 8；马二进三，炮 2 进 2；马三进一，士 5 退 6；相五进七，车 2 进 7，双方各有顾忌。

11. 相三进五，马 7 退 6。

黑如改走卒 7 进 1，红则兵三进一；马 7 退 6，车二进五；象 5 进 7，

兵七进一;象7退5,兵七进一;车7进7,炮四进七;车7退7,炮四退
一;车7进1,车二进四;士5退6,车二退六;炮2进2,车二平四;士4
进5,炮七进五;炮6平3,兵七进一,红方多兵,占优。

12. 兵七进一,卒3进1。

13. 炮四进二,卒3进1。

14. 马九进七,卒7进1。

黑如马3进4,红则马七进六;炮2平5,马三进五;车2进9,马五
进七,红车换来双马和炮的活跃,形势乐观。

15. 炮七进五,炮6平3。

16. 炮四退一,象5进3。

黑飞象兑换落后手,如改走炮2进1,则优于实战。

17. 车八进三,车2进6。

18. 炮八平四,炮3进4。

19. 车二进三,炮3进1。

20. 马三进五,炮3平4。

21. 车二进二(图72)。

至此,如图72所示,局面看似平
稳,但黑方子力呆滞,阵形不整,形势
已不容乐观。结果红方获胜。

[小结]本局中针对黑飞左象,列
举了红方的两种攻法:前一种五七炮
双弃兵变例是中炮对反宫马布局体系
中最具典型意义的定式,虽然因红方
第21回合走软致负,但不足以说明红

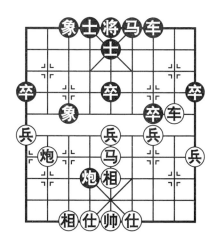

图72

方布局失败,目前此布局仍在发展之中。后一种红进边兵的攻法,变化相对平稳,在第 10 回合中,黑方应炮 6 进 7 打仕,制造对攻机会才是上策;否则,红方稳中有先,黑难觅机会。